mp3CD付き

30秒でできる！
ニッポン紹介
おもてなしの中国語会話

中国語訳
郁 青・許 玉穎

IBCパブリッシング

カバーデザイン ＝ 岩目地 英樹（コムデザイン）
編集協力・DTP制作 ＝ 高向 敦子
ナレーション ＝ 劉璐
録音編集 ＝ 株式会社 巧芸創作

● 付属 CD-ROM について ●

　本書に付属の CD-ROM に収録されている音声は、パソコンや携帯音楽プレーヤーなどで再生することができる MP3 ファイル形式です。
　一般的な音楽 CD プレーヤーでは再生できませんので、ご注意ください。

■音声ファイルについて

　付属の CD-ROM には、本書の中国語パートの朗読音声が収録されています。トラックごとにファイルが分割されていますので、パソコンや携帯プレーヤーで、お好きな個所を繰り返し聴いていただくことができます。

■ファイルの利用方法について

　CD-ROM をパソコンの CD/DVD ドライブに入れて、iTunes や x-アプリなどの音楽再生（管理）ソフトに CD-ROM 上の音声ファイルを取り込んでご利用ください。

■音楽再生・管理ソフトへの取り込みについて

　パソコンに MP3 形式の音声ファイルを再生できるアプリケーションがインストールされていることをご確認ください。
　CD-ROM をパソコンの CD/DVD ドライブに入れても、多くの場合、音楽再生ソフトは自動的に起動しません。ご自分でアプリケーションを直接起動して、「ファイル」メニューから「ライブラリに追加」したり、再生ソフトのウインドウ上にファイルをマウスでドラッグ＆ドロップするなどして取り込んでください。
　音楽再生ソフトの詳しい操作方法や、携帯音楽プレーヤーへのファイルの転送方法については、ソフトやプレーヤーに付属のユーザーガイドやオンラインヘルプで確認するか、アプリケーションの開発元にお問い合わせください。

はじめに

　今、日本に旅行で訪れる外国人が増えています。日本政府観光局が発表したデータによると、2015年に最も多く日本に訪れたのは中国人で499万人と過去最高を記録したとのことです。台湾人観光客も367万人ですから、中国と台湾の観光客の人数を合わせると中国語圏だけで訪日観光客の半数近くを占めています。そのため、浅草や上野など有名な観光地に行くと必ず中国語が耳に入ってきますし、街の中で困っている中国人や台湾人を見かけて、声をかけたこともあります。中国語のニーズが高まっているなか中国語が話せる日本人が少ないと感じます。

　ある日本人の方とゴールデンウィークに何をして過ごしたかという話をしたことがあります。中国語を勉強中の彼は、旅行で訪れた和歌山のことを中国語で私に一所懸命説明してくれました。そのとき、日本の三大神社の一つとして知られる「伊勢神宮」について、日本人でも知らないようないろいろなエピソードを教えてくれました。紙に地図を書きながら中国語で懸命に伝えようとする彼の姿を見て、「中国語でここまで紹介できるなんてすごい！　かっこいい！」と本当に感心しました。

　このことをきっかけに、私が今いちばん行きたいところは伊勢神宮になりました。この方も自分がいつの間にか「日本の観光大使」になっていたとは思いもしなかったでしょう。やはり日本のことは日本人が紹介するのがいちばんです。日本の素晴らしさや魅力を、中国や台湾の人々に伝えてあげられる人が増えればいいなと思いました。この彼は決して特別な例ではありません。私は、皆さん一人ひとりが立派な「日本の観光大使」になれると思っています。

　日本の面白さや素晴らしさを伝えるとともに、知らないが故のマナー違反を防ぐためにも、私たち外国人に日本の習慣とマナーを教えることも必要だと思います。この本が、皆さんの参考書としてお役に立てば幸いです。

2016年10月
郁青

目次

はじめに　3

第1章　日本の象徴　9

1　天皇　...................　10
2　富士山　.................　12
3　神社　...................　14
4　桜　.....................　16
5　城　.....................　18
6　忍者　...................　20
コラム　言葉の誤解に気をつけて！　.........　22

第2章　日本の風物　25

1　着物　...................　26
2　浴衣　...................　28
3　日本家屋　...............　30
4　旅館　...................　32
5　暖簾　...................　34
6　満員電車　...............　36
7　カプセルホテル　.........　38
8　立ち食いそば　...........　40
9　居酒屋　.................　42
10　量販店　................　44
11　デパ地下　..............　46
12　コンビニ　..............　48

Contents

13 新幹線 …… 50
コラム 日本人、ここが不思議！ …… 52

第3章 日本の伝統文化 55

1 歌舞伎 …… 56
2 茶道 …… 58
3 いけばな …… 60
4 盆栽 …… 62
5 相撲 …… 64
6 浮世絵 …… 66
7 落語 …… 68

第4章 日本の食 71

1 寿司 …… 72
2 回転寿司 …… 74
3 刺身 …… 76
4 ラーメン …… 78
5 そば …… 80
6 天婦羅 …… 82
7 焼き鳥 …… 84
8 懐石 …… 86
9 うなぎ …… 88
10 カレーライス …… 90
11 お好み焼き …… 92

12	どんぶり	94
13	酒	96
14	焼酎	98
15	お茶	100
16	弁当	102
17	梅干し	104
18	わさび・鰹節・納豆	106
19	和菓子	108
	コラム 中国語の声調を攻略しよう！	110

第5章　日本の都市　113

1	東京	114
2	京都	116
3	大阪	118
4	奈良	120
5	広島	122
6	福岡	124
7	沖縄	126
8	北海道	128
	コラム 中国語の語気助詞について	130

第6章　日本の現代文化　133

1	オタク	134
2	アイドル	136
3	コスプレ	138

4	音楽	140
5	アニメ・マンガ・ゲーム	142
6	メイドカフェ	144

第7章　日本の生活習慣　147

1	マナー（1）	148
2	マナー（2）	150
3	お正月	152
4	お盆	154
5	お中元・お歳暮	156
6	七五三	158
7	冠婚葬祭	160

第8章　東京の交通　163

1	地下鉄（東京メトロ）	164
2	JR	170
3	タクシー	173
4	成田空港と羽田空港	176
5	電車の切符とカード	179

第9章　日本人へのよくある質問　183

第1章

日本の象徴
日本的象征

1 天皇

❓ こんな質問をされたら？

1 天皇扮演的角色是什么？

天皇の役割は何ですか？

2 日本的天皇是从什么时候开始有的？

日本の天皇はいつからいるのですか？

3 天皇住在哪里？

天皇はどこに住んでいますか？

天皇

💬 30秒で、こう答えよう！

1 宪法制定天皇为日本的象征。和英国皇室一样日本的天皇并不具有政治上的力量。

> 憲法では天皇は日本の象徴と定められています。イギリスの王室と同じように日本の天皇にも政治的な力はありません。

2 据说是起源于西元前六百六十年的神武天皇时代，成为以天皇为中心的国家则是在奈良时代。

> 天皇の起源は紀元前660年の神武天皇といわれています。天皇を中心とする国家が形成されたのは奈良時代（592年〜710年）です。

3 天皇住在东京我们称之皇居的宫殿。江户时代德川幕府建造了江户城，也就是现在皇居的位置。它的周围有护城河围着。

> 東京にある皇居という宮殿に住んでいます。皇居は、江戸時代に徳川幕府が築いた江戸城があった場所で、周囲をお堀に囲まれています。

2 富士山

❓ こんな質問をされたら？

1 日本最高的山是什么山？

日本一高い山は何ですか？

2 富士山在哪里？

富士山はどこにありますか？

3 富士山有什么特征呢？

富士山の特徴は何ですか？

富士山

💬 30秒で、こう答えよう！

1 日本最高的山是富士山，标高三千七百七十六米。

日本一高いのは富士山です。標高3,776メートルです。

2 在静冈县和山梨县的交接处。

静岡県と山梨県の境にあります。

3 富士山是一座美丽雄壮的火山，是日本的象征。2013年登录了世界遗产。

美しく雄大な火山として日本の象徴になっています。2013年に世界遺産に登録されました。

3 神社

❓ こんな質問をされたら？

1 日本固有的宗教是什么？

日本の固有の宗教は何ですか？

2 日本人什么时候会去神社？

日本人はどんなときに神社に行くのですか？

3 在进去神社前会看到一个红色的大柱子，那个是什么？

神社に入るところにある大きい赤い柱は何ですか？

4 神社和寺不同的地方是什么？

神社とお寺の違いは何ですか？

神社

第1章 日本の象徴

 30秒で、こう答えよう！

1 日本固有的宗教是神道，是从古至今一直流传下来的一个民族信仰，而其举行祭祀的场所就是神社。

古代から現代に続く民族信仰の「神道」です。その祭祀を行う場所が神社です。

2 大多数的日本人会在过年，七五三的时候去参拜祈求好运及健康。无关季节像求恋爱运或祈求学业进步考试合格什么的也都会去参拜。

多くの日本人がお正月、七五三で幸運や健康を祈願するほか、季節に関係なく恋愛成就や合格祈願などでよく訪れます。

3 那个叫鸟居，好比房子的大门，穿过鸟居就等于进入神明所在的区域里面了。

鳥居といいます。住居でいう門のようなもので鳥居をくぐると神様の領域に入ります。

4 神社是自古以来祭拜神明的地方，寺是祭拜佛的地方。神社有鸟居，而寺有坟墓。

神社は日本古来の神様を祀る場所で、お寺は仏様を祀る場所です。神社には鳥居があり、お寺にはお墓があります。

4 桜

❓ こんな質問をされたら？

1 为什么日本人那么喜欢樱花？
どうして日本人はこんなに桜が好きなのでしょうか？

2 樱前线是什么？
桜前線とは何ですか？

3 一般在哪儿赏花呢？
どこでお花見するのですか？

桜花

  30秒で、こう答えよう！

1 因为樱花满开时的壮观还有它凋落时的凄美都令日本人觉得感动。在满开的樱花树下开宴会我们就叫赏花。

満開の見事さと散り際の潔さが日本人の感動を誘うからです。満開の桜の下で宴会を開くことを「花見」といいます。

2 樱前线就是在日本各地樱花开花的前锋。三月下旬到四月下旬会从南方往北上移动，告诉我们春天即将到来。

日本各地で桜が開花する前線のことで、3月下旬から4月下旬に南から北上して春の到来を告げてくれます。

3 只要樱花满开到处都可以赏花。日本各地也有许多有名的赏花景点可以欣赏到美丽的樱花。

満開の桜があればどこでも花見をします。日本各地には特に美しい桜を見ることが出来るお花見の名所がたくさんあります。

5 城

❓ こんな質問をされたら？

1 日本的城为何会被建造呢？
　　日本のお城はなぜ建てられたのですが？

2 日本有名的城是什么城？
　　日本で有名なお城は何ですか？

3 日本的城为什么都是一样的建筑呢？
　　日本のお城はなぜ同じような建築形式なのですか？

姫路城

城

 30秒で、こう答えよう！

1 这些城是古代在各地所建造的，在中世纪有武士常驻，是为了地方的君主而存在的行政机关。

古代から日本各地で建てられ、中世では武士が駐在して地方の君主のための行政府になりました。

2 兵库县的姬路城，又叫白鹭城，很有名。它是1610年完成的一座有着白墙的美丽之城。1993年登录了世界遗产。

兵庫県にある姫路城（白鷺城）が有名です。1610年に完成した白い壁が美しい城で、1993年に世界遺産に登録されています。

3 残留于现代较为近代的城堡是作为防止敌人攻击的据点而建造的，所以周围有护城河，还有石墙围着，建筑都是木造的，为了防止火灾及防守，有涂上厚厚的黏土还有灰泥。

現代に残る近世の城は敵の攻撃の防御拠点として建てられたので周囲には堀があり、石垣で囲まれています。建物はすべて木造で、火災や攻撃を守るために粘土や漆喰を厚く塗ってあります。

6 忍者

❓ こんな質問をされたら？

1 忍者过去做的是什么样的工作？

忍者はどんな仕事をしていたのですか？

2 现在日本还有忍者吗？

いまの日本にはまだ忍者がいるのですか？

3 现在日本还有传承忍术吗？

いまの日本にも忍術が受け継がれているのですか？

北斎漫画より

忍者

💬 30秒で、こう答えよう！

1 忍者过去侍奉大名或领主，隐藏身份搜集情报和进行谍报活动。忍者为了扰乱敌方使用的特殊技术称为忍术。

大名や領主に仕え、身分を隠して情報収集や諜報活動をしていました。敵方をかく乱するために忍者が使った特殊な技術を忍術といいます。

2 没有。江户时代结束，明治新政府在日本创设警察，日本陆军，日本海军后，忍者也消失了。

いません。江戸時代が終わり、明治新政府に警察、日本陸軍、日本海軍が創設されてから、日本に忍者もいなくなりました。

3 忍术被当作武术，根据不同地方，分为数个流派，之后不断被传承下来。有名的流派有伊贺流，甲贺流，户隐流等。

忍術を武術ととらえ、地方ごとにいくつかの流派に分かれて伝承を続けています。有名な流派には伊賀流、甲賀流、戸隠流などです。

COLUMN

言葉の誤解に気をつけて！

　同じ言葉でも国が違えば使い方も違います。言葉の裏側に見え隠れする心理は、辞書で引くだけでは決してわからないものです。中国人が使う場合と日本人が使う場合で意味合いが微妙に違う表現をいくつか紹介しましょう。

■ **不好意思，対不起**：すみません、ごめんなさい

　中国人と日本人の謝り方はちょっと違います。日本人は謝意を表すことにさほど抵抗を感じず、ちょっとした場面でも割とすぐに謝ります。たとえば、道を歩いていて肩がぶつかったときにはどちらからともなく「あ、ごめんなさい！」と言って会釈をし合います。その様子が中国人の目には「日本人はどうしてそんなに簡単に謝ってしまうのだろう」と映るようです。

　待ち合わせをしていて約束の時間に遅れたとき、日本人は真っ先に謝ります。遅刻した原因が何であれ、相手を待たせてしまったことを申し訳なく思うのです。一方、中国人は謝ることより先に遅刻した理由を相手に伝えなければいけないと考えます。謝ることは自分の非を認めることであり、プライドが傷つくと感じるのです。

　ちなみに、飲食店の店員に声をかけるとき日本人は「すみません」といいますが、中国人は「不好意思」ではなく「服務員！（店員さん）」と声をかけます。日本語の「すみません」はさまざまなシーンで使える便利な言葉ですが、中国人に対して同じように使うと「この日本人はどうして謝っているのかしら」と思われてしまうので気をつけたいものです。

■ **一直到現在都很謝謝你！**：今までありがとう！

　「今までありがとう」という言葉から連想されるシーンは、長い間お世話になった職場を離れるときや、小さい頃から一緒に遊んだ友だちが引

越をして遠方に行くときなどでしょうか。「もう会うことはない、ここまででお別れ」という気持ちが感じられます。一方、中国語の「一直到現在都很谢谢你」は文字通りの意味ですが、「これからもよろしく」と言いたいときも使えます。長いお別れの場面で、日本人はだいたい「今までありがとう」と言いますが、中国人は「保持联系！（連絡を取りましょうね）」「保重！（体に気をつけてね）」と言います。

■ **考虑看看**：ちょっと考えてみます。

「今度、古典文学の講習会があるので一緒に行きませんか？」と誰かに誘われたとしましょう。古典文学にちっとも興味がないけれど、せっかく誘ってくれたのだから無下に断るのもなんだか心苦しい。そんなときに日本人がよく使うのが「ちょっと考えてみますね」というフレーズです。相手もきっと乗り気でないことを察してくれるはずです。でも中国人にとっては何ともはっきりしない曖昧な表現にしか聞こえません。

中国語の「考虑看看」は文字通り「考えてみる」という意味で、それ以上でもそれ以下でもないのです。日本人と違い、中国人は断りたいときは、はっきりとそう言います。

― 我对古典文学没有兴趣，不好意思！　　私は古典文学に興味がありませんので、すみません！
― 我最近比较忙，下次吧！　　最近わりと忙しいので、また今度の機会にね！

という具合です。日本人には少しきつく聞こえるかもしれませんが、決して冷たくあしらわれたわけではありません。レストランで中国人同士が話をしているのを聞いて「まるでケンカをしているみたい」という印象をもつ日本人も少なくないようですが、何ごともはっきりと意思表示する中国人の言語習慣にその原因があるのかもしれませんね。

言葉は文化。言葉の背景にある文化の違いを理解することこそコミュニケーションの第一歩なのです。

第2章

日本の風物

日本的景物

1 着物

❓ こんな質問をされたら？

1 日本的和服是怎么做成的？
_{rì běn de hé fú shì zěn me zuò chéng de}

着物はどうやって仕立てられるの？

2 和服要怎么穿？
_{hé fú yào zěn me chuān}

着物はどうやって着るの？

3 日本人在什么场合会穿和服？
_{rì běn rén zài shén me chǎng hé huì chuān hé fú}

日本人はどのような場面で着物を着るのですか？

4 穿和服走路会不会很不方便？
_{chuān hé fú zǒu lù huì bú huì hěn bù fāng biàn}

着物を着て歩くのは不便ではないですか？

和服

💬 30秒で、こう答えよう！

1 和服的制作需要代代相传下来的熟练技巧。

着物を仕立てるには、先代から受け継がれる熟練の技が必要です。

---

2 和服的腰带不好绑，如果要自己穿的话很困难，一般会请人帮忙穿。教人家怎么自己穿和服的教室也有。

帯を自分で結ぶのはかなり大変で、着物を着る人はたいてい誰かに助けてもらいます。着物を自分で着るための教室もあります。

---

3 在一些特别的场合，像婚礼，葬礼，毕业典礼的时候会穿和服。去比较正式的场合也有人穿和服。

日本人は日常は洋服を着ていますが、結婚式、成人式、卒業式など特別な日に着物を着ます。あらたまった公式の場所に参加するときに着物を着る人もいます。

---

4 穿和服的时候会穿足袋和草鞋。因为无法大步行走，所以必须小步，脚尖朝内行走。

着物を着るときは足袋と草履を履きます。大股では歩けないので歩幅を小さくして内股で歩きます。

2 浴衣

❓ こんな質問をされたら？

1 浴衣跟和服哪里不一样呢？

浴衣と着物の違いは何ですか？

---

2 浴衣是什么时候穿的？

浴衣はどんなときに着ますか？

---

3 哪里可以买得到日本的浴衣？

どこで売っていますか？

浴衣

  30秒で、こう答えよう！

1 浴衣和和服形状一样，但是浴衣的材质比较薄，只在夏天穿。和服会重叠穿不止一层，但是浴衣只单穿一件，不会在正式场合穿。

浴衣と着物は同じかたちですが、浴衣は薄手の生地で仕立てられており夏にしか着ません。着物は重ね着をしますが浴衣は素肌に一枚だけ着るもので公式の場には着ていけません。

2 浴衣是参加祭典或是烟火大会等夏天的活动穿的。在日式旅馆大多会提供浴衣作室内便服，因为比起和服要容易穿着，所以年轻人也常穿。

お祭りや花火大会などの夏の行事につきものです。和風旅館では部屋着として浴衣を提供するところが多く、着物より着やすいので若い人もよく着ています。

3 不止是专卖和服的和服店，一到夏天，百货店和购物商场都会陈列浴衣。许多卖洋装的品牌也开始贩售浴衣。

着物専門の呉服店でなくても夏が近づくとデパートやショッピングセンターに並びます。洋服のブランドが浴衣を売り出しているところも多くあります。

3 日本家屋

❓ こんな質問をされたら？

1 传统的日本房屋是什么样子？

伝統的な日本家屋はどのようなものですか？

2 榻榻米是用什么做的？

畳は何でできていますか？

3 地板是榻榻米的话，睡觉时怎么睡？

畳の場合はどうやって寝ますか？

4 日本人不睡床吗？

日本人はベッドに寝ないのですか？

日本房屋

💬 **30秒で、こう答えよう！**

1 传统的日本房子是木造的，地面铺着榻榻米，用障子，拉门等将房间隔开。

伝統的な日本家屋は木造で、畳を敷き、障子や襖で部屋が仕切られています。

2 榻榻米是用一种叫【灯心草】的植物编织而成的，一般用来作为和室的地板。

畳はイグサという植物で織って作られ、和室の床材として使われます。

3 在榻榻米上直接铺上棉被就寝。棉被平时收纳在专用壁橱里。

畳の上に直接布団を敷いて寝ます。布団はふだんは専用の場所にしまってあります。

4 最近日本的房子不仅有榻榻米式的房间，睡在专用寝室或小孩房间的床上的人更多。

最近の日本家屋は畳の部屋だけではないので、専用の寝室や子供部屋に置いたベッドに寝る人のほうが多いです。

4 旅館

❓ こんな質問をされたら？

1 日本的旅馆是什么样的地方？
<small>rì běn de lǚ guǎn shì shén me yàng de dì fang</small>

旅館とはどんなところですか？

---

2 旅馆提供餐点吗？
<small>lǚ guǎn tí gōng cān diǎn ma</small>

旅館では食事が出されますか？

---

3 旅馆和一般的酒店有什么不一样？
<small>lǚ guǎn hé yì bān de jiǔ diàn yǒu shén me bù yí yàng</small>

通常のホテルとどこが違うのですか？

---

4 棉被要自己铺吗？
<small>mián bèi yào zì jǐ pū ma</small>

お布団は自分で敷くのですか？

旅馆

 30秒で、こう答えよう！

1 就是非常传统的日式旅店，可以看到传统的日式建筑还有庭院。魅力是能享受到日本传统和室的住宿体验，还有泡温泉，品尝日本料理。穿着和服的员工也很多。

日本情緒が味わえる伝統的な日本の宿泊所です。日本伝統的な和室に宿泊体験や温泉、そして日本料理を堪能することができるのがその魅力です。従業員が着物を着ているところも多いです。

2 一般旅馆都会提供晚餐和早餐，但也可以选择只入住不带餐。

一般的に、夕食と朝食が提供されますが、食事をつけずに素泊まりという選択肢もあります。

3 旅馆的话大部分都是在榻榻米铺上日式的寝具睡觉。

ほとんどの場合、旅館では畳の上にお布団を敷いて寝ます。

4 不用，客人不在房间的时候，旅馆的员工会到房间把棉被铺好。

いいえ、客が部屋にいないときに、従業員が部屋に入って布団を敷いてくれます。

5 暖簾

❓ こんな質問をされたら？

1 在店家门口挂着小门帘，那个是什么？
店の出口にかかっている小さなカーテンのようなものは何ですか？

2 那上面印着什么？
その上には何がプリントされているのですか？

3 为什么会挂在入口的地方？
入口にかけるのはなぜですか？

4 一整天都挂着吗？
一日中ずっと掛けているのですか？

暖帘

💬 **30秒で、こう答えよう！**

1 那个叫「暖帘」，在一些日本料理店，还有商店，公共澡堂等地方的门口都有挂。

暖簾と言われるもので、和食店や商店、銭湯などの入口にかけられています。

2 一般上面会印着店名或者家纹。

ふつう、店の称号（屋号）や家の紋章（紋）が印刷されています。

3 一开始是为了防止日晒还有灰尘，所以用一块布挂在门口，后来就变成了一种习惯了。

日焼けやほこりよけに用いた1枚の布が始まりです。

4 营业时间会挂着，营业结束会拿下来。

営業中は掛けています。閉店のときはしまうのです。

6 満員電車

❓ こんな質問をされたら？

1 几点到几点最挤？
jǐ diǎn dào jǐ diǎn zuì jǐ

電車が最も混み合うラッシュアワーとはいつですか？

---

2 电车和地铁有多挤？
diàn chē hé dì tiě yǒu duō jǐ

電車や地下鉄はどのくらい混雑するのですか？

---

3 为什么电车和地铁到晚上还是很挤？
wèi shén me diàn chē hé dì tiě dào wǎn shàng hái shì hěn jǐ

なぜ電車や地下鉄は夜遅くまで混むのですか？

满员电车

 30秒で、こう答えよう！

1 日本的公司大部分都是上午九点到十点开始，下午五点到六点结束，所以早上八点到九点多，晚上六点左右到七点多交通最混乱。

> 日本の会社は午前9時～10時に始まり、午後5時～6時に終わるところが多いので、朝は8時頃から9時すぎまで、夜は6時頃から7時すぎまで公共交通は大変混み合います。

2 上下班时间的话，会挤到无法动弹。日本的公司职员对于这样的混杂已经习惯了。

> ラッシュアワーでは体と体をくっつけて全く動けなくなるほど混雑します。日本の会社員は混雑に慣れています。

3 因为日本的公司加班很多，而且工作结束也不会马上回家，会去喝酒或去享受美食的人很多。

> なぜなら日本の会社は残業が多いうえに、仕事が終わってもすぐに帰宅せずお酒や食事を楽しむ人が多いからです。

7 カプセルホテル

❓ こんな質問をされたら？

1 胶囊旅馆是什么？

カプセルホテルとはどんなものですか？

2 为什么日本的市区有很多胶囊旅馆呢？

なぜ日本の街にはカプセルホテルが多いのですか？

3 为什么胶囊旅馆那么受外国观光客的喜爱呢？

なぜカプセルホテルが外国人旅行者に人気なのですか？

胶囊旅馆

 30秒で、こう答えよう！

1 胶囊旅馆是在宽广的空间中，纳入两层胶囊状的简易床铺的住宿设施。在胶囊中备有寝具，电灯，小型电视，时钟等最低限度的必需品。

> 広い空間に2段に積まれたカプセル状の簡易ベッドが並べられた宿泊施設です。カプセルの中には寝具と照明、小型テレビ、時計など最低限必要なものが備えられています。

2 因为比一般旅馆便宜，能够轻易利用，所以很受到错过末班电车和想节省旅费的旅客欢迎。

> 普通のホテルより安価で気軽に利用できるため、終電を乗り過ごした人や宿泊代を浮かせたい旅行者などに人気があるからです。

3 虽然价格便宜是胶囊旅馆受到欢迎的主要原因，但是也因为像在太空船一样的狭窄和近未来感而受到外国人的欢迎。最近还推出榻榻米胶囊旅馆等，变得多样化。

> 格安で泊まれるのが一番の理由ですが、宇宙船の中のような狭くて近未来的な雰囲気が外国人に受けています。最近では畳カプセルホテルが登場するなど多様化が進んでいます。

8 立ち食いそば

❓ こんな質問をされたら？

1 立食荞麦是什么？

立ち食いそばとは何ですか？

2 为什么车站里面有很多立食荞麦店？

立ち食いそばはなぜ駅の構内に多いのですか？

3 立食荞麦要怎么点？

立ち食いそばはどうやって注文するのですか？

立食荞麦

 30秒で、こう答えよう！

1 立食就是站着吃荞麦面或乌冬面的店。因为客人点餐后，不必等待太久就能享用，对于赶时间的人是很好的选择。除了荞麦面和乌冬面以外，也有咖喱饭和拉面。

そばやうどんを立ったまま食べる店です。客は注文後わずか数分で待たずにお腹を満たすことができるので、急いでいる人にはもってこいです。そばやうどんの他にカレーライスやラーメンもあります。

2 因为能够在等电车的时间吃。

電車の待ち時間に食事ができるからです。

3 先在自动贩卖机购买餐券，在点餐柜台出示餐券。店员看了餐券后，会当场组合已经调理完毕的面，高汤和配料等，然后盛到容器中。

自動販売機で食券を買い、注文カウンターに食券を出します。従業員は食券を見て、調理済みのめんや出汁、具材をその場で合せて器に盛ります。

9 居酒屋

❓ こんな質問をされたら？

1 居酒屋跟普通的餐厅不一样吗？

居酒屋は普通のレストランと違うのですか？

2 会去居酒屋的大部分都是什么样的人？

居酒屋に行く人は大体どういう人ですか？

3 不会喝酒的人也可以去居酒屋吗？

お酒を飲めない人も居酒屋に行けますか？

4 为什么日本的居酒屋那么多？

どうして日本の居酒屋はこんなに多いのですか？

居酒屋

💬 30秒で、こう答えよう！

1 居酒屋不是吃饭的店，而是以喝酒为主的地方。营业时间从傍晚到深夜。

居酒屋は食事ではなく飲酒がメインで、夕方から深夜まで営業しています。

2 下班回家的上班族和同事或上司去居酒屋的场合比较多，但是最近学生，家庭主妇等，各个族群都会光顾。

仕事帰りのビジネスマンが同僚や上司と行くケースが多いですが、最近では学生や主婦など幅広い層にも広く利用されています。

3 不会喝酒的人当然也可以去。居酒屋的菜单很丰富，也有非酒精类的饮料。

もちろん行けます。居酒屋のメニューは豊富でアルコール類以外の飲み物もあります。

4 居酒屋和酒馆、酒吧不同，能够同时享受酒类和餐点，因而受到欢迎。对于用无限畅饮和宴会餐点来治愈现代压力的日本人而言是很重要的地方。

パブやバーと違い、お酒と食事の両方が楽しめるからです。日頃のストレスを飲み放題や宴会メニューで癒してくれる大切な場所です。

10 量販店

❓ こんな質問をされたら？

1 药妆店是个什么样的地方？

ドラッグストアとはどんな店ですか？

2 电器量贩店是什么样的商店？

家電量販店とはどんな店ですか？

3 有没有贩卖一些有趣的杂货及伴手礼的量贩店？

おもしろい雑貨やお土産によいものがいろいろ売っている量販店がありますか。

量販店

💬 **30秒で、こう答えよう！**

1 药妆店是能够以低廉的价格购买到以健康，美容相关商品和医药品为主，以及日用品，还有零食，饮料等的店。在日本有许多连锁店，知名的有松本清和TSURUHA药妆店等。

健康や美容に関する商品、医薬品を中心に、日用品のほか、お菓子や飲料などが安価で購入できる店です。多くはチェーン展開しており、マツモトキヨシやツルハドラッグが有名です。

2 电器量贩店是以低价进货家电用品并大量贩售的大型店铺。其特征是邻近的电器量贩店间多低价竞争，以及店员的知识丰富。

家庭電化製品を安く仕入れて大量に売る大型店です。近接する家電量販店の間で低価格を競争している事が多く、店員の知識が豊富なことも特徴です。

3 在大型且价格低廉的连锁店中能够便宜买到各种物品。在日本"唐吉柯德"很有名。

大型の安売りチェーン店でいろいろなものが安く手に入ります。日本では「ドン・キホーテ」が有名です。

11 デパ地下

❓ こんな質問をされたら？

1 百货地下商场是什么？

デパ地下とは何ですか？

2 有卖什么东西？

何が売られていますか？

3 为什么那么受欢迎？

なぜそんなに人気があるのですか？

百货地下商场

> 30秒で、こう答えよう！

1 百货店的地下楼层商场简称做"百货地下商场"。

デパートの地下フロアを「デパ地下」といいます。文字通り、デパートの地下の略称です。

2 从日本到世界各地的食品及酒类，零食饼干什么的都有，有时也会举办铁路便当还有全国的物产展等活动。

日本をはじめ、世界中から取り寄せたさまざまな食料品や酒類、お菓子があります。ときどき駅弁フェアや全国の物産展などイベントが開催されます。

3 因为品质很好，好吃的东西都聚集在这个地方。特别是专门店所提供的小菜及甜点很受到喜爱。

品質がよくおいしいものが集まるからです。特に専門店が提供するお惣菜やスイーツは人気です。

12 コンビニ

❓ こんな質問をされたら？

1 日本的便利商店有多方便呢？
rì běn de biàn lì shāng diàn yǒu duō fāng biàn ne

日本のコンビニはどれぐらい便利ですか？

---

2 便利商店的东西好吃吗？
biàn lì shāng diàn de dōng xi hǎo chī ma

コンビニの食べ物は美味しいですか？

---

3 有没有卖得特别好的固定商品？
yǒu mei yǒu mài de tè bié hǎo de gù dìng shāng pǐn

人気の定番商品がありますか？

便利店

 30秒で、こう答えよう！

1 大部分的便利商店都是年中无休，二十四小时营业。除了食品，小菜还有便当以外，像灯泡，文具，牙刷，卫生纸等便利的日常用品也非常齐全。

> ほとんどのコンビニが年中無休、24時間営業で、食料品や惣菜、弁当類のほか、電球、文房具、歯ブラシ、トイレットペーパーなど「あると便利」な日常品がそろっています。

2 大部分的便利商店都有贩卖自家品牌的面包，零食，小菜什么的，听说很好吃，评价相当高。

> ほとんどのコンビニがオリジナルブランドのパンやお菓子、お惣菜を販売しており、おいしいと評判です。

3 说到便利商店，主要就是饭团，三明治，盒饭。对许多工作繁忙的人来说便利商店带给他们很大的帮助。

> コンビニと言えば、おにぎり、サンドイッチ、お弁当です。仕事が忙しい多くの人がコンビニに助けられています。

13 新幹線

❓ こんな質問をされたら？

1 rì běn de xīn gàn xiàn yǒu duō kuài
日本的新干线有多快？
日本の新幹線はどれくらい速いですか？

---

2 xīn gàn xiàn de lù xiàn yǒu jǐ ge
新干线的路线有几个？
新幹線の路線はいくつありますか？

---

3 xīn gàn xiàn de liè chē yǒu nǎ xiē zhǒng lèi
新干线的列车有哪些种类？
東海道新幹線の列車は何種類ありますか？

新干线

💬 **30秒で、こう答えよう！**

1 新干线最快时速三百公里。从东京到京都约两个小时二十分钟。东京到福冈约五个小时。

新幹線は時速300キロで走ります。東京から京都まで約2時間20分、東京から福岡まで約5時間で結びます。

2 从北海道的函馆到九州的鹿儿岛，有八条路线联结。东海道新干线，山阳新干线，九州新干线，东北新干线，上越新干线，北陆新干线，山形新干线，秋田新干线。

北海道の函館から九州の鹿児島まで、東海道新幹線、山陽新幹線、九州新幹線、東北新幹線、上越新幹線、北陸新幹線、山形新幹線、秋田新幹線の8つの路線が結びます。

3 有NOZOMI（希望号），HIKARI（光之号），KODAMA（儿玉号）这三种列车，联结东京到新大阪速度最快，途中较少停站的是希望号。

「のぞみ」「ひかり」「こだま」の3つの列車種別があり、途中乗降駅が少なく東京―新大阪間を最も速く結ぶのは「のぞみ」です。

COLUMN

日本人、ここが不思議！

　日本人が日ごろ意識せずに行っている行動や仕草が、生活習慣の違う外国人にとって謎に思えるものがあるようです。日本での生活が長い訳者が肌で感じたこんな「なぜ？」を紹介しましょう。

▎お辞儀

　「日本人はよくお辞儀をする」というのは日本を訪れる外国人に共通する印象のようです。中国人はお辞儀をする習慣がないので、相手に深々と頭を下げられると戸惑ってしまいます。中国人は初めて会った人と挨拶をする場合、一般的に、軽く会釈しながら「你好！」と言うか、ビジネスシーンであれば握手をします（ただし、握手を嫌う女性もいるので、女性のほうから先に手を出されたときだけ握手します）。
　中国のお土産店やレストランでは店員もお辞儀をしないので、おもてなしの心を重んじる日本人にとっては物足りなく感じるかもしれません。これは単に習慣の違いで、中国人に他人を敬う気持ちが無いからではありません。

▎お見送り

　友人を自宅に招いたとき、日本人はたいてい家の前の通り道まで出てお見送りをします。あるいは、得意先の方がオフィスを訪れたときは、会議室を出てエレベーターまでお見送りをし、エレベーターの扉が閉まるまでじっと見守ります。相手の姿が見えなくなるまで手を振り続ける人もいます。
　中国人は、こうしたお見送りをしません。別れ際に手を振りながら、「拜拜」、「再见」、「慢走」、「不送了！」、「路上小心」などという言葉を交わした後はさっさと背を向けてしまうのがふつうです。

▍遊びに来てください

　日本人の社交辞令はときとして外国人を戸惑わせます。日本人は親しさの度合いにかかわらず、よく「今度、家に遊びに来てくださいね！」とか「今度、お食事でもご一緒しましょう！」と言います。中国人にとっては、その言葉が社交辞令なのか本当の気持ちなのか区別がつかず、本音と建前を使い分ける日本人にはついていけない……と感じるのです。本気で遊びにきてほしいときは「社交辞令じゃありませんよ！」とつけ加えましょう。

▍魚は一人一尾？

　日本人は魚を食べるとき、一人一尾か、一人一切れを用意します。中国や台湾の場合、一尾の魚をテーブルの皆でシェアします。魚が一切れの場合でもシェアします。そもそも中華料理は円卓に大皿を並べて皆でいただくのがふつうなので、日本みたいに一人分ずつ丁寧に小分けしないのです。また、中国や台湾では、自分の箸を使って誰かに料理を取り分けてあげることが多いので、誰かの箸と誰かの箸が同じものを挟んでしまうようなシーンもよく起こります。日本では、お葬式のときのお骨拾いを連想させるのでタブーとされていますが、中国や台湾ではOKなのです。

▍餃子とラーメン

　中華料理店で日本人が好んで食べる定食に「餃子とラーメンのセット」や「餃子とチャーハンのセット」がありますが、中国人にはこれが理解できません。なぜなら中国人にとって餃子は「主食」だから、主食として餃子を食べるのに、一緒に米や麺を食べるのはおかしいのです。ちなみに、日本の餃子は焼き餃子が主流ですが、中国では水餃子か蒸し餃子が主流です。

1 歌舞伎

❓ こんな質問をされたら？

1 歌舞伎是什么？

歌舞伎とはなんですか？

---

2 为什么男演员男的女的角色都演呢？

なぜ男性の役者が男も女も演じるのですか？

---

3 哪里可以观看歌舞伎？

どこで歌舞伎を鑑賞できますか？

---

4 歌舞伎的魅力在哪里？

歌舞伎の魅力はどこにありますか？

歌舞伎

 30秒で、こう答えよう！

1 歌舞伎是江户时代发展的舞台艺术，是用传统的演出方式表演的戏剧。

歌舞伎は江戸時代に発展した舞台芸術で、伝統的な演出方法で演じられるお芝居です。

2 原本演出歌舞伎的是女性，但是因为由女性演出的话，有性暗示疑虑，所以被幕府（当时掌握政权的机构）禁止，之后都由男性演出。

もともと歌舞伎を演じていたのは女性でしたが、女性が演じることが性的な挑発になるとして幕府がこれを禁じ、男性が演じるようになりました。

3 在东京能欣赏歌舞伎的地方是歌舞伎座或国立剧场。在京都和大阪也有定期公演。

東京で歌舞伎が鑑賞できるのは歌舞伎座か国立劇場です。京都や大阪でも定期的に公演しています。

4 歌舞伎的魅力在于能够一次欣赏演技，音乐和舞步，还有华丽的服装和大手笔的舞台装置也是很吸引人的。

芝居と音楽と舞踏が一度に楽しめるほか、豪華な衣装や大がかりな舞台装置なども魅力です。

2 茶道

❓ こんな質問をされたら？

1 茶道是什么？

茶道とは何ですか？

---

2 茶道的礼仪有什么特别的规矩吗？

茶道の礼儀には特別な決まりがあるのですか？

---

3 要穿和服泡茶吗？

着物で茶道をするのですか？

---

4 茶道使用的是什么茶？

茶道に使うお茶は何のお茶ですか？

茶道

 30秒で、こう答えよう！

1 茶道是传统的仪式，是一项为了款待宾客煮茶，营造出优雅端庄气氛的艺术。

茶道は伝統的な儀式で、大切な客をもてなすためにお茶を点て、洗練された雰囲気をつくり出すための芸術です。

2 合乎礼仪的茶道做法称为礼法，包括走路方式，手的动作，坐的方式，隔扇的打开方式等细微的部分都有规定。

礼儀に適った茶道の所作を作法といい、歩き方、手の動かし方、座り方、襖の開け方など細かいところに決まりがあります。

3 正式的茶会场合基本上是穿着和服的。练习茶道的时候穿着洋服也OK。

正式なお茶の席（お茶会）では着物を着るのが基本です。茶道の稽古をするときは洋服でもOKです。

4 茶道使用的是把茶叶磨成粉末状制成的抹茶。会与和果子一起享用。

お茶の葉を粉末状にした抹茶です。和菓子と一緒にいただきます。

3 いけばな

❓ こんな質問をされたら？

1 插花是什么？

いけばなとは何ですか？

---

2 有可以体验插花的地方吗？

いけばなの体験ができるところはありますか？

---

3 日本插花界最有名的流派是什么？

日本で最も有名ないけばなの流派は何ですか？

插花

 30 秒で、こう答えよう！

1 插花是日本传统的花卉布置，又称作花道。除了花卉以外，还能自由搭配枝和叶，插在花器欣赏。

> いけばなとは日本の伝統的なフラワーアレンジメントのことで、華道ともいいます。花のほかに枝や葉などを自由に組合せて花器に挿して鑑賞します。

2 在全国各地都有很多插花教室，也能进行插花体验。

> いけばな教室は全国にたくさんあり、いけばな体験ができるところもあります。

3 日本最大的花道流派是池坊。现在日本全国约有一百四十个以上的流派。

> 池坊が日本最大の華道の流派です。現在全国に約140以上の流派があります。

4 盆栽

❓ こんな質問をされたら？

1 盆栽是什么？
pén zāi shì shén me

盆栽とは何ですか？

2 盆栽的特征是什么？
pén zāi de tè zhēng shì shén me

盆栽の特徴は何ですか？

3 为什么盆栽会受到老年人的喜爱？
wèi shén me pén zāi huì shòu dào lǎo nián rén de xǐ ài

なぜ盆栽は高齢者に人気があるのですか？

盆栽

 30秒で、こう答えよう！

1. 盆栽是指在小型的盆器栽培植物。在陶器盆子里栽种草木来欣赏，是日本传统的艺术。

   ミニチュアの鉢植え栽培のことです。陶磁器の鉢に草木を植えてその姿を楽しむ日本の伝統的な芸術です。

2. 以在小盆子里创造完美的自然为发想，从枝叶样貌的变化感受四季的转变与自然美。

   小さな鉢の上に完全な自然を創るという発想で、枝ぶりや葉のかたちなどの変化に四季の移り変わりや自然美を感じることができます。

3. 因为盆栽能够生长数百年，这样不朽的形象非常吸引年长的族群。

   盆栽は何百年も生き続けるので、この不朽のイメージが年配者層を魅了するのです。

5 相撲

❓ こんな質問をされたら？

1 相扑是什么？
xiàng pū shì shén me

相撲とはなんですか？

---

2 为什么相扑选手要撒盐？
wèi shén me xiàng pū xuǎnshǒu yào sā yán

なぜ関取は塩をまくのですか？

---

3 为什么日本会有相扑这种运动？
wèi shén me rì běn huì yǒu xiàng pū zhè zhǒng yùn dòng

どうして日本は相撲のようなスポーツがあるのですか？

---

4 为什么相扑选手都很胖？
wèi shén me xiàng pū xuǎnshǒu dōu hěn pàng

どうして相撲選手はみな太っているのですか？

相扑

 30秒で、こう答えよう！

1 相扑是日本传统的摔跤，在土堆的比赛场上，力士们分组对战。

日本の伝統的なレスリングのことで、土俵の上で力士が組み合って戦います。

2 因为他们把赛场认为是神圣的地方，所以在比赛前必须用盐净化。

取り組みの場を神聖なものと考え、取り組む前に塩で浄めるのです。

3 相扑比赛的起源能追溯到公元前。是宫廷用来占卜农作物收获情形的一项例行的祭典仪式，已有三百年以上的历史。在武士时代被作为战斗训练，到了江户时代，相扑被当作夸耀力量的扭打比赛，变为定期举行直到今日。

相撲の起源は紀元前。その後農作物の収穫を占う宮廷行事として300年以上続きました。武士の時代には戦闘の訓練として行なわれ、江戸時代に相撲の興行が定期的に行われるようになり、現在に至っています。

4 因为是扭打进行战斗竞赛，体型较大的人比较有利。但是并不是肥胖而已，而是通过特别的饮食方法和训练，培养出有利于相扑扭打的体型。

組み合って戦う競技上の理由から体が大きいほうが有利とされたからです。ただ太っているだけでなく、特別な食事法や訓練で相撲を取るのにふさわしい体を作り上げています。

6 浮世絵

? こんな質問をされたら？

1. 什么是浮世绘？
   浮世絵とはなんですか？

2. 浮世绘是用毛笔画的画吗？
   浮世絵は筆で描いた絵ですか？

3. 春画是什么？
   春画とは何ですか？

浮世絵

💬 **30秒で、こう答えよう！**

1. 浮世绘是江户时代孕育出的绘画形式，在当时是相当于现代的明信片，海报，明星宣传照，书本插画的物品。

   江戸時代に生まれた絵画の形式で、当時、現代でいう絵はがき、ポスター、ブロマイド、本の挿絵に相当するものでした。

2. 先由绘师画出底稿，再由雕刻师在木板上雕出底稿后，由绘师配上颜色，最后由被称作印刷师的人印刷在纸上完成。

   絵師と呼ばれる人が筆で下絵を描き、彫り師と呼ばれる人がその下絵を木版に彫り、再び絵師が彩色を施したあと摺師と呼ばれる人が紙に摺って完成します。

3. 描绘男女性爱，情色内容的称作春画，兼具娱乐和教育意义。

   男女間の性的な描写を彫ったエロティックなものを春画といい、娯楽と教育を兼ねたものでした。

7 落語

❓ こんな質問をされたら？

1 落语是什么？

落語とは何ですか？

2 落语说的是什么样的内容？

落語ではどんなことが話されるのですか？

3 在哪里可以观赏落语？

どこで鑑賞できますか？

寄席（新宿末広亭）

落语

 30秒で、こう答えよう！

1 落语没有服装和舞台，单纯用说话的艺术娱乐观众，是日本的传统表演艺术。

落語は衣装も舞台もなく、話芸だけで人を楽しませる日本の伝統的な演芸です。

2 大多是由登场人物间的对话展开，以最后的"打诨"为特征。可以分为从江户时代继承下来的古典落语和落语家原创的落语。

多くは登場人物同士の話が進み、最後に「オチ」がつくのが特徴です。江戸時代から語り継がれた古典落語と落語家オリジナルの創作落語に分かれます。

3 能够欣赏落语的地方称作"寄席"，在比一般剧场规模要小的场地表演落语，相声等演艺。

落語を鑑賞する場所は「寄席」と呼ばれ、一般の劇場より小規模なところで落語や漫才などの演芸が披露されます。

第4章 日本の食

日本的食物

1 寿司

❓ こんな質問をされたら？

1 日本人每天都吃寿司吗？

日本人は毎日お寿司を食べますか？

---

2 寿司的种类有哪些？

お寿司にはどんな種類がありますか？

---

3 为什么吃寿司的时候要喝热的绿茶？

どうして寿司を食べる時に熱い緑茶を飲むのですか？

寿司

  30秒で、こう答えよう！

1 不会每天吃。一般来说在庆祝和接待的时候会去高级寿司店，家庭聚餐时会去回转寿司店，但是不论多喜欢寿司的人最多也是一星期一到两次吧。

いいえ、毎日は食べません。一般に、お祝や接待などには高級寿司店、家族で食事するときは回転寿司を利用しますが、どんなにお寿司が好きな人でも多くても週に１回〜２回程度でしょう。

2 除了握寿司以外，还有寿司卷，豆皮寿司，散寿司，押寿司等。

にぎり寿司以外に、巻寿司、いなり寿司、ちらし寿司、押し寿司などがあります。

3 因为热的绿茶可以把残留在口中的油脂及杂味去掉。

なぜなら熱い緑茶は口の中に残された脂や雑味を取り除いてくれるからです。

2 回転寿司

❓ こんな質問をされたら？

1 回转寿司跟一般的寿司店有什么不一样？
回転寿司と普通のお寿司の違いは何ですか？

2 回转寿司要怎么点？
回転寿司ではどのように注文しますか？

3 回转寿司店里的寿司价格都一样吗？
回転寿司は全部同じ値段ですか？

回转寿司

 30秒で、こう答えよう！

1 一般的寿司店是由店主进货购买食材，寿司师傅在顾客面前握寿司。回转寿司是大量低价进货食材到各连锁店，机械化地用寿司机握制寿司，然后回转送到顾客座位。回转寿司店也有师傅在现场握寿司，但是味道和回转的寿司一样。

普通の寿司店は店主がネタを仕入れ、客の前で寿司職人が握ってくれます。回転寿司はチェーン店ごとに安価なネタを大量に仕入れ、寿司マシンで握られた寿司が客席を回ります。回転寿司店にも職人がいてその場で握ってくれますが、味は同じです。

2 在回转寿司店里有装着各种寿司的小盘子在输送带上回转。能自由拿取自己想吃的东西和想吃的量。吃完后服务员会计算盘子的数目结帐。

いろいろなネタをのせた皿がベルトの上を回ります。食べたいネタを食べたい分だけ取り、終わったらウエイターがお皿の数を数えて会計をします。

3 不一样。根据价格盘子的颜色也不一样。贵的话一盘一千元的寿司也有，要注意！什么颜色的盘子多少钱要先确认。

違います。値段によってお皿に色が違い、高いものは一皿1000円のもあるので注意が必要です。何色のお皿がいくらか先に確認しておきましょう。

3 刺身

❓ こんな質問をされたら？

1 刺身是什么？
cì shēn shì shén me

刺身とは何ですか？

---

2 生鱼片要怎么吃呢？
shēng yú piàn yào zěn me chī ne

刺身はどうやって食べるのですか？

---

3 日本人比较常吃的生鱼片是什么？
rì běn rén bǐ jiào cháng chī de shēng yú piàn shì shén me

日本人がよく食べる刺身は何ですか？

刺身

💬 30秒で、こう答えよう！

1. 刺身就是切成薄片的生鱼。会漂亮的摆在盘子上。生鱼片最重要的是鱼的产季还有鲜度。

   薄く切られた生の魚で、皿の上にきれいに盛りつけられています。刺身で大切なものは旬（最も味が良い時期）と鮮度です。

2. 生鱼片放一点芥末，然后蘸酱油一起吃。

   わさびと一緒に醤油につけて食べます。

3. 金枪鱼，鲑鱼，乌贼，白肉鱼（鲷鱼，比目鱼），青鱼（竹荚鱼，青花鱼，沙丁鱼）是最基本的，海胆和贝类也很受到喜爱。

   マグロ、ハマチ、サケ、イカ、白身魚（タイ、ヒラメ）、青魚（アジ、サバ、イワシ）は定番で、ウニや貝類も好まれます。

4 ラーメン

❓ こんな質問をされたら？

1 拉面的材料是什么？

ラーメンの出汁に使われる材料は何ですか？

2 拉面在日本有多受到日本人的喜爱呢？

ラーメンは日本でどのくらい人気がありますか？

3 会跟拉面一起吃的东西是什么？

ラーメンと一緒に食べるものは何ですか？

拉面

 30秒で、こう答えよう！

1 鸡肉，猪肉，鱼肉，昆布，香菇，蔬菜等食材下去熬煮的。

鶏、豚、魚、昆布、キノコ、野菜などさまざまな素材からできています。

---

2 拉面在日本非常受欢迎，全国各地都有一些有名的拉面店。会定期到有名的拉面店捧场的疯狂拉面迷很多。

ラーメンは日本で大人気で、全国に有名店があります。有名店を定期的に訪問するような熱狂的なファンが大勢います。

---

3 在日本煎饺或炒饭和拉面的套餐很有人气。

日本では餃子やチャーハンとラーメンのセットに人気があります。

5 そば

❓ こんな質問をされたら？

1 荞麦面是什么？

そばとは何ですか。

---

2 在哪里可以吃得到荞麦面？

そばはどこで食べられますか？

---

3 荞麦店有哪些种类的荞麦面呢？

そばにはどんな種類がありますか？

---

4 日本人吃荞麦面为什么要发出声音？

日本人はなぜ音をたててそばを食べるのですか？

荞麦面

💬 **30秒で、こう答えよう！**

1 荞麦面是用荞麦粉做成的细面。

そばはそば粉でできた細い麺です。

---

2 在专门卖荞麦面的餐厅可以吃得到。

蕎麦屋という専門店で食べられます。

---

3 荞麦面的种类很多，如果要品尝荞麦面独特的风味，可以点荞麦凉面或天妇罗荞麦凉面。

いろいろな種類がありますが、そばの繊細さを味わうには、もりそばや天ざるがおすすめです。

---

4 吃荞麦面时发出声音是日本的饮食文化之一，并不是失礼的行为。那是品尝荞麦面美味的吃法。

音をたててそばをすするのは日本の食文化の1つで、マナー違反にはなりません。それがそばのおいしい食べ方なのです。

6 天婦羅

❓ こんな質問をされたら？

1 天妇罗是什么？

天婦羅とは何ですか？

2 日本人常吃的天妇罗有哪些？

日本人がよく食べる天婦羅は何ですか？

3 天妇罗的正确吃法是？

天婦羅の正しい食べ方は？

天妇罗

💬 **30秒で、こう答えよう！**

1 天妇罗是炸的鱼或蔬菜，外层包着面粉和蛋做成的面糊。

天婦羅とは、揚げた魚や野菜のことで、小麦粉と卵でできた衣におおわれています。

---

2 最基本的海鲜有虾，西太公鱼，沙钻鱼、星鳗，蔬菜有甘薯，茄子，莲藕。混合各种蔬菜和干贝，虾米下去油炸的"炸什锦"也很受欢迎。

海鮮では、海老、わかさぎ、キス、あなご、野菜では、さつまいも、なす、レンコンが定番です。いろいろな野菜と貝柱や小エビを混ぜて揚げた「かき揚げ」も人気です。

---

3 天妇罗要蘸柴鱼和昆布的高汤与酱油，味霖做成的酱汁吃。这个酱汁叫作天妇罗酱。

鰹や昆布の出汁と、醤油、みりんで作ったたれにつけて食べます。このつゆを天つゆといいます。

7 焼き鳥

❓ こんな質問をされたら？

1 烤鸡肉串是什么？

焼き鳥とは何ですか？

2 在哪里可以吃到烤鸡肉串？

焼き鳥はどこで食べられますか？

3 要怎样点餐？

どのように注文すればよいですか？

烤鸡肉串

💬 **30秒で、こう答えよう！**

1. 就是用竹签串起来的烤鸡肉。是能够传达日本B级美食魅力的一道料理。烤猪肉串也很受欢迎。

   くしに刺して焼いた鳥のことです。日本のB級グルメの魅力を伝える一品です。豚を刺して焼く焼きトンも人気です。

2. 点餐后才用炭火现烤的居酒屋烤鸡肉串最好吃，但是便利店和百货店的食品卖场也能够买到外带的烤鸡肉串。

   注文を受けてから炭火で焼いてくれる居酒屋の焼き鳥が一番美味しいですが、コンビニやデパートの食品売り場でも持ち帰りの焼き鳥を買うことができます。

3. 可以点自己想吃的鸡肉部位（腿肉，鸡肝，鸡腱，鸡皮等等）。调味方面可以选择酱汁或是盐味。

   自分の食べたい鳥の部位（もも、レバー、砂肝、皮等々）を注文することができます。味付けはタレか塩を選びます。

8 懐石

❓ こんな質問をされたら？

1 什么是怀石？

懐石とは何ですか？

2 在哪里可以吃得到怀石料理？

懐石はどこで食べられますか？

3 怀石的特征是什么？

懐石にはどんな特徴がありますか？

4 吃怀石料理大概要花多少钱？

懐石は大体いくらで食べられますか？

怀石

 30秒で、こう答えよう！

1 怀石是日本最正式的日本料理。在比较正式的场合会提供怀石这样的高级料理。

懐石は最も正式的な日本料理であり、改まった席などで供されます。

2 在料亭或割烹这样的高级日本料理店能够吃得到。

料亭や割烹（高級な日本料理店）で食べられます。最近はランチメニューで懐石を提供する和食レストランもあります。

3 怀石料理用的是具有季节性的食材，并且着重食材的搭配及摆饰，不但外观看起来具有美感，同时也可以品尝到当季的美味食材。

懐石では、季節ごとの素材や付け合わせが取り入れられているので、見た目の美しさだけでなく、旬の味わいを楽しむことができます。

4 各个店家的价位不同，要有比一般餐点更贵的心里准备。要享用怀石料理的时候请先预约并确认价格。

店によって違いますが、通常の食事よりかなり高いと思ったほうがよいでしょう。席の予約と値段の確認も忘れずに。

9 うなぎ

❓ こんな質問をされたら？

1 日本人常常吃鳗鱼吗？

日本人はうなぎをよく食べますか？

2 为什么日本人夏天要吃鳗鱼？

どうして夏にうなぎを食べるのですか？

3 哪里可以吃得到鳗鱼？

うなぎはどこで食べられますか？

鰻魚

💬 30秒で、こう答えよう！

1 日本人在夏天会吃鳗鱼，特别是7月30这一天。

日本人は夏にうなぎを食べます。特に7月30日土用の丑の日に。

2 因为鳗鱼含有丰富的蛋白质，脂肪，维他命A，E。日本人相信在夏季吃鳗鱼能补充精力，以对抗酷暑。

なぜなら、うなぎには豊富なたんぱく質、脂肪、ビタミンA、Eが含まれていて、日本人にうなぎは暑い天候に打ち勝つ精力をつけてくれるものだと信じられているからです。

3 到鳗鱼料理餐厅可以吃得到。

うなぎはほとんどうなぎ専門店で供されます。

第4章 日本の食

10 カレーライス

❓ こんな質問をされたら？

1 日本人常吃的家庭料理是什么？
日本人がよく食べる家庭料理は何ですか？

2 日式咖喱跟一般的咖喱有什么不同？
日本のカレーは普通のカレーとどこが違いますか？

3 在哪里可以吃得到？
日本のカレーはどこで食べられますか？

4 什么咖喱好吃呢？
日本のカレーでおすすめは何ですか？

咖喱饭

 30秒で、こう答えよう！

1 咖喱饭。
gā lī fàn

カレーライスです。

---

2 咖喱是印度的料理，但是日式咖喱是日本人为了迎合日本人的口味而做出来的。

カレーはインド料理ですが、日本のカレーは日本人の好みに合わせて作り出した日本風のカレーです。

---

3 在日本有很多咖喱餐厅。也可以买咖喱块儿回家自己做，做法非常简单。

日本には多くのカレーライス専門店があります。カレールーを買って家で作るのもオススメです。作り方はとても簡単です。

---

4 牛肉咖喱最受欢迎，不过日本人也很喜欢炸猪排咖喱。还有，咖喱面包也很推荐。

ビーフカレーが1番人気ですが、かつカレーも日本人に人気があります。それと、カレーパンもオススメです。

11 お好み焼き

❓ こんな質問をされたら？

1 什么是大阪烧？
_{shén me shì dà bǎn shāo}

お好み焼きとは何ですか？

2 大阪烧的材料有哪些？
_{dà bǎn shāo de cái liào yǒu nǎ xiē}

お好み焼きの材料は何ですか？

3 在哪里都能吃到大坂烧吗？
_{zài nǎ li dōu néng chī dào dà bǎn shāo ma}

お好み焼きはどこでも食べられますか？

4 大阪烧在家里也能做吗？
_{dà bǎn shāo zài jiā li yě néng zuò ma}

お好み焼きは家庭でも作れますか？

大阪烧

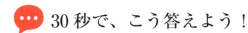

1 大阪烧就是在面糊里加入各种食材，然后放到铁板上煎的一种煎饼。

お好み焼は生地に様々な素材を入れて鉄板で焼いたパンケーキのことです。

2 像海鲜，肉，高丽菜等蔬菜，使用的食材其实很广泛。酱料是大阪烧专用的酱料。

海鮮や肉、キャベツなどの野菜、実に幅広くトッピングがあります。ソースはお好み焼き専用のソースを使います。

3 大阪烧是关西，像大阪，广岛这些地方有名的小吃。但是在东京也能吃得到。

お好み焼きは関西地方の大阪や広島で有名なグルメですが、東京でも食べられます。

4 只要有在超市贩售的"大阪烧粉"，任何人都能轻易做出大阪烧。

スーパーで売られている「お好み焼き粉」があれば誰でも簡単に作れます。

12 どんぶり

❓ こんな質問をされたら？

1 丼是什么？

丼とは何ですか？

---

2 比较受欢迎的盖饭是什么？

日本で人気の丼料理は何ですか？

---

3 什么是亲子丼？

親子丼とは何ですか？

---

4 什么是天丼？

天丼とは何ですか？

日式盖饭

💬 **30秒で、こう答えよう!**

1 丼就是日式盖饭,是日本非常受欢迎的一种快餐。

丼は日本で人気のファーストフードです。

2 比较受欢迎的盖饭是亲子丼,猪排丼,天丼,牛丼。

人気の丼料理は親子丼、カツ丼、天丼、牛丼です。

3 亲子丼就是把煮好的鸡肉,洋葱和鸡蛋覆盖在饭上的盖饭。

親子丼は鶏肉をのせ、玉ねぎと卵でおおった丼です。

4 就是天妇罗盖饭,主要有炸虾还有一些其他的食材。

天丼は、天ぷらの丼です。主にエビの天ぷら、あとほかの食材も少し入っています。

＊「丼」は中国語にない語です。dóng は日本語の発音を表記しています。

13 酒

❓ こんな質問をされたら？

1 对日本人来说，酒是什么？

日本人にとってお酒とは何ですか？

2 日本人喝酒的时候，一般都会帮对方倒酒吗？

日本ではお酒を注いであげるのが普通なのですか？

3 日本人很会喝酒吗？

日本人はけっこうお酒を飲めますか？

酒

> 30秒で、こう答えよう！

1 日本酒从古代就和日本人的生活有很深的关联。依据不同制作方法和原料，有各种种类的日本酒，在日本全国各地有很多传统的酿造元。

日本酒は古代から日本人の生活に深く関わってきました。製法や原料によってさまざまな種類の日本酒があり、伝統的な醸造元（日本酒を造るところ）が全国各地にたくさんあります。

2 跟日本朋友一起喝酒的话，帮对方倒酒或啤酒是很普通的事情。

日本人の友人と一緒であれば、酒やビールを相手のコップに注いであげるのは普通のことです。

3 在日本20岁开始可以喝酒。不论男女，职场同事或朋友间喝酒的机会很多，喜欢在家里"晚酌（在晚饭一起喝的酒）"的人也很多。

日本では20歳からお酒を飲めます。男女を問わず、職場の同僚や友人同士で飲む機会は多く、家庭でも「晩酌（夕飯と一緒にお酒を飲む）」を好む人がたくさんいます。

14 焼酎

❓ こんな質問をされたら？

1 烧酎是什么？
shāozhuó shì shén me

焼酎とはなんですか？

2 烧酎要怎么喝？
shāozhuó yào zěn me hē

焼酎はどのように飲めばいいのですか？

3 「泡盛」是什么？
pào shèng　shì shén me

泡盛とは何ですか？

烧酎

💬 30秒で、こう答えよう！

1 烧酎就是日本的蒸馏酒，是用米，麦，芋，黑糖等做成的。

焼酎は日本の蒸留酒で、米、麦、芋、黒糖などから作られています。

2 直接喝也可以。最近有很多用烧酒做成的鸡尾酒，果汁酒。用新鲜的水果像柠檬，葡萄柚或者是茶做成调酒也可以唷！

オンザロックで飲めますが、最近では焼酎カクテルがたくさん生み出されています。レモンやグレープフルーツといった新鮮な果実やお茶で割ってもいけますよ。

3 泡盛就是冲绳有名的烧酒。用来造酒的米大部分是从泰国进口的泰国米。

泡盛は沖縄で作られる有名な焼酎で、ほとんどがタイから輸入されたインディカ米で作られます。

15 お茶

❓ こんな質問をされたら？

1 日本人常喝的茶是什么？
rì běn rén cháng hē de chá shì shén me

日本人がよく飲むお茶は何ですか？

2 日本很流行健康茶吗？
rì běn hěn liú xíng jiàn kāng chá ma

日本で健康茶は流行っていますか？

3 健康茶有哪些种类？
jiàn kāng chá yǒu nǎ xiē zhǒng lèi

日本の健康茶にはどんな種類がありますか？

茶

💬 **30秒で、こう答えよう！**

1 绿茶。最近售有各种塑料瓶装的绿茶，自动贩卖机也有卖。

> 緑茶です。最近はさまざまな種類の緑茶のペットボトルが販売されており、自動販売機で売られています。

2 日本人对健康的意识很高，所以喝健康茶的人也很多。最近有减肥效果还有抗老化效果的健康茶很受到喜爱。

> 日本人は健康意識が高いので、健康茶を飲む人も多いです。最近はダイエットやアンチエイジング効果のあるものが人気です。

3 像黑豆茶，麦茶这些都是。没有咖啡因，大人小孩都可以喝。

> 黒豆茶や麦茶も健康茶です。ノーカフェインで大人はもちろん、子どもも飲めます。

16 弁当

❓ こんな質問をされたら？

1 日本人每天带便当去公司吃吗？

日本人は毎日学校や会社にお弁当を会社に持っていくのですか？

2 什么是「キャラ弁」？

「キャラ弁」とは何ですか？

3 日本的铁路便当好吃吗？

日本の駅弁はおいしいですか？

4 比较受欢迎的铁路便当有哪些？

人気の駅弁にはどんなものがありますか？

便当

> 30秒で、こう答えよう！

1 学校没有供餐或没有学生餐厅的话就会自己带便当。会带便当到公司的大多是为了省钱。因为比起在外面吃午餐，自己带便当比较省钱。

学校に給食や食堂がない場合は弁当を持参します。会社に弁当を持参する理由の多くは節約のためです。外食より弁当のほうが経済的です。

2 "キャラ弁"是指用便当的菜色做出动漫画角色或可爱的动物造型。这是妈妈为了让孩子能够开心地吃便当的技术展现。

キャラ弁とは、アニメやマンガのキャラクターやかわいい動物の顔を弁当のおかずで作るお弁当です。小さい子どもをもつママが喜んでお弁当を食べてくれるように腕をふるいます。

3 日本的铁路便当使用了当地的特产，是出差和观光时值得期待的部分之一。

地元の特産物が入っているので出張や観光のたのしみの1つです。

4 仙台的"牛舌便当"，北海道的"鱿鱼饭"，富山的"鳟鱼寿司"，山形的"牛肉便当"，"福井的"螃蟹饭"等在全国都很有名。

仙台の「牛たん弁当」、北海道の「イカめし」、富山の「ますのすし」、山形の「牛肉弁当」、福井の「かにめし」などは全国的に有名です。

第4章 日本の食

17 梅干し

❓ こんな質問をされたら？

1 梅干是什么？
   méi gān shì shén me

   梅干しとは何ですか？

---

2 梅干可以直接吃吗？
   méi gān kě yǐ zhí jiē chī ma

   梅干しはそのまま食べられますか？

---

3 听说梅干不会坏是真的吗？
   tīng shuō méi gān bú huì huài shì zhēn de ma

   梅干しは腐らないって本当ですか？

梅干

💬 **30秒で、こう答えよう！**

1 梅干是盐渍的梅子，味道很酸，但是非常有益健康。

梅干しは、梅の実を漬けたもので、とても酸っぱくて健康に良いものです。

---

2 直接吃太酸了，而且也很咸。一般跟饭一起吃。可以做成饭团或用在料理上。

そのまま梅干しだけを食べると酸っぱすぎると感じるので、ご飯と一緒に食べるのがふつうです。おにぎりの具や料理にもよく使います。

---

3 原本是作为长期保存的食品，但是也不是完全不会腐败。赏味期限大约是一年左右。

もともと保存食として作られたものですが、腐らないというわけではありません。賞味期限はだいたい1年前後です。

18 わさび・鰹節・納豆

❓ こんな質問をされたら？

1 什么是「わさび」？
　　わさびとは何ですか？

2 柴鱼干是什么？
　　鰹節とは何ですか？

3 纳豆是什么样的食物？
　　納豆はどういう食べ物ですか？

4 纳豆要怎么吃？
　　納豆はどう食べますか？

芥末・柴鱼干・纳豆

💬 **30秒で、こう答えよう！**

1 わさび就是芥末。是吃寿司，荞麦面时不可缺少的香料。

わさびとは「芥末」のことで、刺身や寿司、日本蕎麦を食べるときに欠かせない香辛料です。

2 柴鱼干就是晒干烟熏过的柴鱼，把它削成薄片，煮汤的时候用来做汤头，还有许多料理的调味用。

鰹節は干して燻したカツオのことで、削ったり細切りにして汁物の出汁や多くの料理の味付けに使います

3 它是用黄豆做成的一种发酵食品，是日本人常吃的食物之一。

納豆は大豆を発酵させたもので、日本人がよく食べるものの一つです。

4 要先不断地搅拌让它呈现粘稠状，一般是放到饭上一起吃。煎蛋，炒饭还有其他料理也常一起用。

まず粘りが出るまでかき混ぜて、ご飯にのせて一緒に食べるのが一般的です。オムレツやチャーハンの具材に使われたり、他の料理に使われることもよくあります。

19 和菓子

❓ こんな質問をされたら？

1 和果子是什么？
_{hé guǒ zi shì shén me}

和菓子とは何ですか？

---

2 「あんこ」是什么？
_{shì shén me}

あんことは何ですか？

---

3 日本最红的日式点心是什么？
_{rì běn zuì hóng de rì shì diǎn xīn shì shén me}

日本で人気のある和菓子は何ですか？

和果子

💬 30秒で、こう答えよう！

1 和果子就是传统的日式点心。小巧精致的和果子是日本茶道茶席上不可缺少的东西。

和菓子とは伝統的な日本のお菓子のことです。洗練され、綺麗に仕上げられた和菓子は茶会の席には欠かせないものです。

2 「あんこ」就是红豆馅。

あんことはあずきのあんのことです。

3 煎饼是最受欢迎的和果子。煎饼是米粉加上一些调味的材料做成的。

煎餅が最も人気のある和菓子です。煎餅は米粉と味付けのための材料で作られています。

第4章 日本の食

COLUMN

中国語の声調を攻略しよう！

▌声調練習のポイント

　中国語と日本語が大きく異なる点は、中国語に声調（四声）があることです。そして中国語を喋るときに最も大切なのは声調を正確に発音することです。声調を一つ間違えただけでまったく違う意味になることもあるので、「中国語を喋ってみたけれど全く通じませんでした」「文法は間違っていないはずなのにどうして相手にわかってもらえないのでしょうか？」と悩む人がたくさんいます。中国語を学ぶ人が一度は味わう「声調の壁」というものです。声調の壁はこうして攻略しましょう！

　四声をきれいに発音するには、まず口を大きく開けて動かすことが重要です。日本語にはあまり抑揚がないので口を大きく開けなくても普通に話すことができるし、聞き取ることもできます。しかし、日本語を喋るときと同じように中国語を喋ったら中国人には聞き取りづらいでしょう。ピンインとにらめっこして声調を暗記するのではなく、お芝居のようにちょっと大げさに声を出し、口を大きく動かして発音する練習をするのが効果的です。

　声調は第一声〜第四声と軽声（ピンインに声調記号が何もつかない、弱く発音する音）の5つあります。それぞれの特徴を覚えましょう。
- 一声は高くそのまま伸ばす（トーンは最初から高い）
- 二声は低い所から高い所へ持っていく（エスカレーターに乗って一階から二階へ行くようなイメージ。徐々に上に行く感じ）
- 三声はいったん下げてからちょっとあげる（声を低く抑えて発音）
- 四声は高いところから一気に下げる（太鼓を叩くような感じ）

　声調の基本の組合せ（「第一声+第一声」、「第一声+第二声」……）は20パターンあります。これらの音程を繰り返してしっかりと練習すれば

体に定着します。最初に声調の発音をしっかりと練習することは、中国語の「話す」「聞く」「読む」「書く」の四つの技能を養っていくための基礎になります。この段階で時間をかけたほうがあとあと楽になるので、労力を惜しまずしっかり練習して基礎力をつけておきましょう。

　声調の違いをクリアにするために、大きくはっきりと発音することもお忘れなく。

▋音声教材活用のススメ

　声調をマスターして中国語らしい中国語を話せるようになるために欠かせないのが音声教材です。音楽でもドラマでもニュースでも、自分に興味のある局にチューンナップして中国語をたくさん聴きましょう。特に、さまざまな業界で活躍している方々による字幕付きのスピーチ動画はおすすめです。聴き取れなかった個所を繰り返し再生し、字幕も活用してヒアリング力を鍛えましょう。また、自分の中国語を録音して聴いてみると弱点が明らかになって効果的です。

【おすすめ動画サイト】

TEDxTaipei　http://tedxtaipei.com
　著名人のスピーチが字幕付で鑑賞できる

优酷 youku　http://www.youku.com/
　中国版 youtube。中国の動画共有サイトの最大手

中国网络电视台 http://tv.cctv.com/live/
　中国 CCTV 系列のネット放送。経済、スポーツ、ドラマ、ドキュメンタリー、京劇など

TTV NEWS 台視新聞台 https://www.youtube.com/user/ttvnewsview
　台湾 TTV のニュース放送を youtube でライブ配信中。

第5章

日本の都市

日本的都市

1 東京

❓ こんな質問をされたら？

1 日本的首都在哪里？
rì běn de shǒu dū zài nǎ li

日本の首都はどこですか？

---

2 在东京的人口大概多少？
zài dōng jīng de rén kǒu dà gài duō shao

東京の人口はどれくらいですか？

---

3 东京的经济规模大概多少？
dōng jīng de jīng jì guī mó dà gài duō shao

東京の経済規模はどのくらいですか？

东京

 30秒で、こう答えよう！

1 日本的首都是东京。东京是日本的行政，立法，司法的中心。

東京です。東京は日本の行政、立法、司法の中心地です。

2 住在东京的人约有一千三百万人。包含东京近郊的都市圈的话约有三千七百万人口。

東京には約1300万人の人が住んでいます。東京の近郊の都市圏を含めると人口は約3700万人にのぼります。

3 东京都内的总生产额约九十二兆九千亿日元。总生产额已足以与墨西哥和韩国匹敌，国内资本额十亿日元以上的大企业约有百分之五十聚集在东京。

東京都の都内総生産は約92兆9000億円です。これはメキシコや韓国の国内総生産に匹敵し、国内資本金10億円以上の大企業の約50%が東京に集中しています。

2 京都

❓ こんな質問をされたら？

1 京都位于哪里？
<small>jīng dū wèi yú nǎ li</small>

京都はどこにありますか？

---

2 京都是一个什么样的地方？
<small>jīng dū shì yí ge shén me yàng de dì fang</small>

京都はどんなところですか？

---

3 京都有什么地方好玩？
<small>jīng dū yǒu shén me dì fang hǎo wán</small>

京都の見どころはどこですか？

京都

💬 30秒で、こう答えよう！

1 京都位于东京西边四百六十公里左右的位置。从东京到京都搭新干线需两小时十五分钟。

東京の西、460キロのところに位置しています。東京から京都まで新幹線で2時間15分かかります。

2 在古都京都有庭院美丽的古寺，神社，别墅和传统民宅等数不尽的观光景点和古迹。

古都・京都には、美しい庭のある古い寺、神社、別荘、伝統的な家など数えきれない名所旧跡があります。

3 祇园是国家的历史保存地区，有古民家，茶屋，料理店等。在这里能够看到梳着日本式发型，脸上涂着白粉，穿着和服的舞妓。

祇園は国の歴史保存地区で、古くからの民家、お茶屋、料理屋などがあります。ここでは、日本髪を結い、顔に白粉を塗った着物姿の舞妓が見かけられます。

3 大阪

❓ こんな質問をされたら？

1 大阪位于哪里？
_{dà bǎn wèi yú nǎ li}

大阪はどこにありますか？

---

2 大阪是一个什么样的地方？
_{dà bǎn shì yí ge shén me yàng de dì fang}

大阪はどんなところですか？

---

3 大阪有什么地方好玩？
_{dà bǎn yǒu shén me dì fang hǎo wán}

大阪の見どころはどこですか？

大阪

 30秒で、こう答えよう！

1. 大阪位于东京西边五百五十公里的位置。新干线京都站的下一站就是大阪。

    東京の西、550キロのところに位置しています。新幹線で京都の次の駅が大阪です。

2. 大阪以自己的幽默和品味自豪，独特的搞笑文化已根深蒂固。有许多搞笑艺人都是大阪或大阪周边出身，还有专门的搞笑剧场。

    大阪では自分たちのユーモアやセンスに誇りを持っており、独特なお笑い文化が根付いています。多くのお笑い芸人が大阪および大阪周辺の出身で、お笑い専門の劇場もあります。

3. 大阪最热闹的街道是难波，是大阪美食齐聚的玩乐中心。其他还有大阪城，大阪环球影城，海游馆也不容错过。

    大阪一の繁華街、難波は大阪のおいしいものが一堂に会する食い道楽の中心です。他に、大阪城やユニバーサルスタジオ、海遊館（大型水族館）も見逃せません。

4 奈良

❓ こんな質問をされたら？

1 奈良位于哪里？
<small>nài liáng wèi yú nǎ li</small>

奈良はどこにありますか？

---

2 奈良是一个什么样的地方？
<small>nài liáng shì yí ge shén me yàng de dì fang</small>

奈良はどんなところですか？

---

3 奈良有什么地方好玩？
<small>nài liáng yǒu shén me dì fang hǎo wán</small>

奈良の見どころはどこですか？

奈良

 30秒で、こう答えよう！

1 奈良位于纪伊半岛的正中央，从京都搭电车约三十分钟左右。

奈良は紀伊半島の真ん中あたりに位置し、京都から電車で30分ほどで行けます。

2 奈良是日本数一数二的历史城市，从七百一十年到七百九十二年是日本的首都。和京都比起来，更能感受到放松的气氛。有许多登录为世界遗产的寺庙神社，古迹，文物。

日本屈指の歴史の町で、710年から792年まで日本の都が置かれた場所です。京都に比べるとかなりリラックスした雰囲気が味わえます。世界遺産に登録された寺社、史跡、文化財が多くあります。

3 在西元八世纪建造的东大寺可以看到世界最大的铜制佛像，还有邻近的奈良公园能够与许多鹿接触。春天的话吉野山是有名的赏樱景点。

8世紀に建立された東大寺では世界最大の銅製の大仏を見ることができるほか、隣接する奈良公園でたくさんの鹿と触れ合えます。春は吉野山の桜が名所です。

5 広島

❓ こんな質問をされたら？

1 guǎng dǎo wèi yú nǎ li
广岛位于哪里？

広島はどこにありますか？

---

2 guǎng dǎo shì yí ge shén me yàng de dì fang
广岛是一个什么样的地方？

広島はどんなところですか？

---

3 guǎng dǎo yǒu shén me dì fang hǎo wán
广岛有什么地方好玩？

広島の見どころはどこですか？

122

広島

 30秒で、こう答えよう！

1 广岛位于本州西边的日本中国地区，从东京搭新干线约四个半小时。

広島は本州の西に位置する中国地方にあります。東京から新幹線で4時間半です。

2 广岛是于1945年8月6日，世界第一个被投下核弹的城市而闻名世界。

広島は1945年8月6日に世界で初めて原爆を落とされた都市として世界的に有名です。

3 广岛有两个世界遗产。分别是广岛和平纪念公园，以及严岛神社。

広島には世界遺産が2つあります。広島平和記念公園と厳島神社です。

6 福岡

❓ こんな質問をされたら？

1 福冈位于哪里？

福岡はどこにありますか？

2 福冈是一个什么样的地方？

福岡はどんなところですか？

3 福冈有什么地方好玩？

福岡の見どころはどこですか？

福冈

 30秒で、こう答えよう！

1. 福冈位于九州的北部。从东京搭新干线约5小时。

   九州の北部にあります。東京から福岡まで新幹線で約5時間です。

2. 福冈是九州的经济文化中心。除了能够从福冈机场搭飞机到亚洲各地以外，还有连接韩国釜山之间的高速轮船，运行时间约3小时。

   九州の経済や文化の中心を担う大都市です。福岡空港からはアジア各地へ飛行機で行くことができるほか、福岡と韓国の釜山の間を約3時間で結ぶ高速船が運行しています。

3. 博多的传统夏季祭典"山笠"是一大看点。太宰府天满宫和九州国立博物馆也很受欢迎。

   博多の伝統的な夏祭り「山笠」は圧巻の見応えがあります。太宰府天満宮や九州国立博物館も人気です。

7 沖縄

❓ こんな質問をされたら？

1 冲绳位于哪里？
chōngshéng wèi yú nǎ li

沖縄はどこにありますか？

---

2 冲绳是一个什么样的地方？
chōngshéng shì yí ge shén me yàng de dì fang

沖縄はどんなところですか？

---

3 冲绳有什么地方好玩？
chōngshéng yǒu shén me dì fang hǎo wán

沖縄の見どころはどこですか？

冲绳

 30秒で、こう答えよう！

1 冲绳位于九州和台湾之间。冲绳位于一百六十座岛屿相连的琉球诸岛南方，冲绳县厅在那霸。

沖縄は九州と台湾の間に位置しています。沖縄は160の島が連なる琉球諸島の南にあり、県庁所在地は那覇です。

2 1945年被美军攻击成为激烈战场的冲绳，现在仍留有许多战争遗迹。冲绳本岛有很多美军基地，赞成与否是政治上常被讨论的议题。

1945年にアメリカ軍に攻撃されて激しい戦場となった沖縄には今も多くの戦跡が残っています。沖縄本島にはたくさんの米軍基地があり、賛否両論のある政治的関心事となっています。

3 冲绳周边有石垣岛，西表岛，久米岛等天然的美丽自然，和能够享受海洋风光的岛屿，是海上运动的圣地。那霸市的首里城被登录为世界遗产。

周辺には石垣島、西表島、久米島など手つかずの美しい自然と海が味わえる島々があり、マリンスポーツのメッカとなっています。那覇市にある首里城は世界遺産に登録されています。

8 北海道

❓ こんな質問をされたら？

1 北海道位于哪里？

北海道はどこにありますか？

2 北海道是一个什么样的地方？

北海道はどんなところですか？

3 北海道有名产吗？

北海道の名物はありますか？

北海道

💬 30秒で、こう答えよう！

1 北海道位于日本列岛最北端。连接青森与函馆的北海道新干线于2016年3月开通了。

北海道は4つの島からなる日本列島の最北に位置しています。2016年3月に青森と函館を結ぶ北海道新幹線が開通しました。

2 冬季的北海道非常寒冷，有许多滑雪圣地。北海道有很多能够欣赏广大土地和宏伟景观的景点，东侧的海岸还有浮冰漂流，非常壮观。

北海道の冬はとても寒く、スキーリゾートがたくさんあります。広い大地と雄大な景観が味わえる観光スポットが多く、東側の海岸には流氷が流れ着き、見事です。

3 使用了烤羊肉的成吉思汗盖饭，土豆料理，起司，牛奶等乳制品，使用大量新鲜海鲜的海鲜盖饭很受欢迎。

羊肉を焼いたジンギスカン、ジャガイモ料理、チーズや牛乳などの乳製品、新鮮な魚介類をふんだんに使った海鮮丼などが人気です。

COLUMN

中国語の語気助詞について

　中国や台湾の映画やドラマを観ていると、会話のはしばしに語気助詞が多用されていることに気づきます。話し言葉の末尾に添えられる語気助詞は、話し手の感情や態度の機微を的確に表す便利なツールです。日本語に当てはめると、「〜だよね？」「〜しようよ！」「〜かなぁ」などでしょうか。日本人にとって中国語の語気助詞を使いこなすことはなかなか難しいものですが、中国人と会話するときにさり気なく語気助詞を入れるとネイティブっぽく聞こえます。

　代表的な語気助詞を見ていきましょう。

■「吧」ba

① （記憶が曖昧など理由で）はっきり断定しない語気を示す

　　　先生：今天的报纸呢？　　主人：今日の新聞は？
　　　太太：在桌上吧！　　　　奥さん：テーブルの上かな。

　　　A：他们两个人怎么了？吵架了吗?　あの二人どうしたの？　喧嘩したの？
　　　B：我也不知道…，应该是吧！　　私もわからないけど…、恐らくそうかな。

② 命令文に用いて命令の語気を和らげ、勧告・誘いなどの語気を表す（* 吧がなければ、命令文になります）

　　恋人同士が喧嘩して…
　　　男：你听我说…　　　話を聞いて…
　　　女：你走吧！我不想再见到你！　帰って！　もうあなたには会いたくない！
　　　＊「吧」がないと「你走＝帰れ！」ときつい言い方になる

　　　先生：忘了把垃圾拿出去丢了！　ごみを出すのを忘れちゃった！
　　　太太：没关系！明天再拿吧！　　大丈夫よ！　明日にしましょう！

　　　他不是故意的，你就原谅他吧！
　　　　　　　　　　　彼はわざとじゃないのだから、あなたは許してあげましょうよ！

■「啊」
① 感嘆を表す
　　　这寿司真好吃啊！　　この寿司はとてもおいしいですね！
　　　今天真的好热啊！　　今日は本当に暑いですね！

② 軽い疑問を表す
　　　A：同学会你不去啊?　　同窓会にあなたは行かないの？
　　　B：我要工作。　　　　　仕事があるの。

　　　A：下次什么时候放假啊?　　今度いつ休みなの？
　　　B：我也不知道。　　　　　　私も分からない。

③ 語気を和らげる
　　　A：你是日本人吗?　　あなたは日本人ですか？
　　　B：是啊！　　　　　　そうですよ！

　では、実際に語気助詞を多用した会話をみてみましょう。一字添えるだけで言葉に表情が出て会話がイキイキするのがよくわかりますね！

A：还有一点时间，我们去喝下午茶吧！　また少し時間があるから、お茶を飲み
　　　　　　　　　　　　　　　　　　　に行きましょう！
B：好啊！　　　　　　　いいですね！
A：OK！　走吧！　　　　OK！行きましょう！

　～到了咖啡店　（カフェに着いて）～

A：哇！人好多喔！　　　　　　あれ～！　人が多いね！
B：对呀！怎么那么多人哪！　　そうだね！　なんでこんなに混んでるんだろう！
A：我们换个地方吧！　　　　　場所を変えましょうか！
B：嗯…好吧！　　　　　　　　うん…（仕方ない気持ちで）いいですよ！

131

第6章 日本の現代文化

日本的現代文化

1 オタク

? こんな質問をされたら？

1 御宅族是什麽？
   オタクとはなんですか？

2 "オタク"原本是什么意思？
   「オタク」の本来の意味は何ですか？

3 御宅族文化是什麽时候开始的？
   オタク文化はいつから始まったのですか？

4 日本人对御宅族有什么看法？
   日本人はオタクのことをどう思いますか？

御宅族

 30秒で、こう答えよう！

1 对动画，漫画，偶像，模型等日本的次文化深深着迷的年轻人称作"御宅族"。会用像动画宅，偶像宅，漫画宅等方式表现。

アニメ、マンガ、アイドル、フィギュアなど日本のサブカルチャーに深く傾倒する若者を「オタク」といいます。アニメオタク、アイドルオタク、マンガオタクというふうに使います。

2 本来是您府上的意思。御宅族彼此不称呼名字，而是说"您府上是谁的粉丝？""您府上是从哪里来的？"这样展开对话，因此就成了御宅族称呼的由来。

もともとは「あなたの家（お宅）」という意味です。オタク同士が相手を名前で呼ばずに「おたく、誰のファン？」「おたく、どこから来たの？」という会話をしていたことに由来します。

3 有各种说法，但是一般认为是从1970年代开展的。

諸説ありますが、一般に広まったのは1970年代です。

4 一开始御宅族给人内向消极的印象，但是最近也被评为精通某个领域，而转变成好印象。

初めは内向的でネガティブな人、という印象をもたれていましたが、最近ではある分野に精通していることが評価されて良い印象をもたれるようになってきました。

2 アイドル

❓ こんな質問をされたら？

1 在日本什么样的偶像受欢迎？

日本ではどんなアイドルが受けていますか？

2 什么是虚拟偶像？

バーチャルアイドルとは何ですか？

3 为什么秋叶原和偶像有关？

なぜ秋葉原とアイドルが関係あるのですか？

秋葉原の街

偶像

 30秒で、こう答えよう！

1 男性喜欢女性偶像团体或性感写真偶像，女性则喜欢视觉感官型的男性偶像团体。

男性には女性アイドルグループやグラビアアイドル、女性にはビジュアル重視の男性アイドルグループが人気です。

2 虚拟偶像是不存在于现实，虚构的偶像。

現実には存在しない架空のアイドルのことです。

3 秋叶原又称为御宅族的圣地，秋叶原有许多御宅族喜欢的商店，以这里为活动据点的偶像又叫做秋叶原系偶像。

オタクが好きな店が集結する秋葉原は「オタクの聖地」とも呼ばれ、ここを活動の拠点にするアイドルをアキバ系アイドルといいます。

第6章 日本の現代文化

3 コスプレ

❓ こんな質問をされたら？

1 dòng màn biàn zhuāng shì shén me
动漫变装是什麽？

コスプレとは何ですか？

---

2 qù nǎ li kě yǐ kàn dào dòng màn biàn zhuāng de rén
去哪里可以看到动漫变装的人？

どこに行けば、コスプレの人を見ることができるのですか？

---

3 yǒu néng tǐ yàn dòng màn biàn zhuāng de dì fang ma
有能体验动漫变装的地方吗？

コスプレを体験できるところはありますか？

动漫变装

> 30秒で、こう答えよう！

1 动漫变装就是打扮成动画或漫画角色的意思。是Costume play的日式英文简称，现在已经是全世界共通的词了。

> アニメやマンガのキャラクターに扮することをコスプレといいます。コスチューム・プレイを略した和製英語ですが、今や世界中で通用する言葉になっています。

2 在世界各地动漫变装活动都会定期地举行。在日本，最近的十月万圣节也成为动漫变装者聚集的节日了。

> 世界中でコスプレのイベントが定期的に開かれています。日本では最近10月のハロウィンにコスプレイヤーが集結するようになりました。

3 在动画的圣地秋叶原和阿佐谷有很多能够体验动漫变装的店。

> アニメの聖地といわれる秋葉原や阿佐ヶ谷（東京都杉並区）ではコスプレ体験ができる店がたくさんあります。

4 音楽

❓ こんな質問をされたら？

1 什么是 J POP？
<small>shén me shì</small>

Jポップとは何ですか？

2 什么是演歌？
<small>shén me shì yǎn gē</small>

演歌とはなんですか？

3 卡拉 OK 是从日本发展的吗？
<small>kǎ lā shì cóng rì běn fā zhǎn de ma</small>

カラオケは日本生まれですか？

4 为什么日本有那么多的卡拉 OK？
<small>wèi shén me rì běn yǒu nà me duō de kǎ lā</small>

なぜ日本にはカラオケがたくさんあるのですか？

音乐

💬 **30秒で、こう答えよう！**

1 J POP 是日本流行音乐的简称，不仅是在日本，在亚洲许多国家也很受欢迎。

> Jポップは Japanese Pop Music の略で、日本だけでなくアジアの多くの国でも人気があります。

2 演歌是大众音乐的其中一个分野，受到日本自古以来的民谣影响。演歌唱的是关于爱，情感，日本的精神等。

> 演歌は大衆音楽のジャンルのひとつで、日本古来の民謡の影響があります。演歌で唄われるのは、愛、情念、日本の心などです。

3 卡拉OK是"空白的管弦乐队"的简称，是全世界都知道的日语之一。

> カラオケは「空のオーケストラ」の略語で世界中の人が知っている日本語の一つです。

4 卡拉OK对日本人来说是不可或缺的娱乐之一。卡拉OK里不止是唱歌，还能够开心地喝酒以及饮食，而且因为是包厢，能够尽情大声地唱歌。

> カラオケは日本人にとって欠かせない娯楽の一つです。歌だけでなく飲酒と食事が楽しめ、個室なので思いきり大きな声で唄えます。

第6章 日本の現代文化

5 アニメ・マンガ・ゲーム

❓ こんな質問をされたら？

1 闻名全世界的日本漫画是什么？
<small>wén míng quán shì jiè de rì běn màn huà shì shén me</small>

世界で有名な日本のマンガは何ですか？

---

2 闻名全世界的日本动画作品是什么？
<small>wén míng quán shì jiè de rì běn dòng huà zuò pǐn shì shén me</small>

世界で有名な日本のアニメ作品は何ですか？

---

3 闻名全世界的日本游戏是什么？
<small>wén míng quán shì jiè de rì běn yóu xì shì shén me</small>

世界で有名な日本のゲームは何ですか？

142

动画・漫画・游戏

💬 30秒で、こう答えよう！

1 哆啦A梦，铁臂阿童木，足球小将，火影忍者等在全世界都有读者喜爱。

ドラえもん、鉄腕アトム、キャプテン翼、NARUTOなどは世界中に愛読者がいます。

2 吉卜力工作室的作品，机动战士高达，新世纪福音战士，七龙珠等在全世界都很受欢迎。

スタジオジブリの作品、機動戦士ガンダム、新世紀エヴァンゲリオン、ドラゴンボールなどは世界でも人気です。

3 精灵宝可梦，超级马里奥兄弟，勇者斗恶龙等在全世界都很有人气。孕育出宝可梦和马里奥的游戏制作公司任天堂这个名字全世界都知道。

ポケットモンスター、スーパーマリオブラザーズ、ドラゴンクエストなどは世界でも人気です。ポケモンやマリオを生んだゲームメーカーの任天堂（ニンテンドー）の名も世界中で知られています。

6 メイドカフェ

? こんな質問をされたら？

1. 女仆咖啡店是什么？
   メイドカフェとはなんですか？

2. 女性也能够进去吗？
   女性でも入れますか？

3. 在女仆咖啡店除了喝茶以外还能做什么？
   メイドカフェでは喫茶以外に何ができますか？

メイドカフェのランチ

女仆咖啡

💬 **30秒で、こう答えよう！**

1 女仆咖啡店是身穿女仆服装的店员，化身为女仆接待客人的咖啡馆。客人进入店里时，店员会说"欢迎回家，主人"来迎接客人。

メイドのコスチュームに身を包んだ店員がメイドになりきって客を接待する喫茶店のことです。入店時には「お帰りなさいませ、ご主人様」と迎えてくれます。

2 没问题。虽然女仆咖啡一开始出现的时候，客人以御宅族男性居多，但是渐渐地变成观光景点的倾向越来越强，最近也常有外国观光客造访。其中也有全家人一起光顾的。

大丈夫です。メイドカフェが生まれた当初はオタクの男性客が多かったのですが、徐々に観光スポットとしての色合いが強くなり、最近では外国人観光客も多く訪れます。なかには家族連れで訪れる観光客もいます。

3 女仆们会帮我们点的料理用番茄酱做装饰。还能够加点和女仆拍摄纪念照或玩游戏。

メイドがオーダーした料理にケチャップで飾り付けをしてくれます。オプションでメイドとの記念撮影やゲームもできます。

第7章

日本の生活習慣

日本的生活习惯

1 マナー（1）

❓ こんな質問をされたら？

1 家里来客人时，日本人如何招待客人？
家にお客さんが来たときに、どう接していますか？

2 为什么日本人在用餐前后要合掌？
日本人はなぜ食事の前後に合掌するのですか？

3 为什么日本人会在餐饮店前排队呢？
日本人はなぜ飲食店の前で行列をつくるのですか？

礼节 1

 30秒で、こう答えよう！

1 首先在玄关打招呼，让客人换上拖鞋，然后送上茶点，在和室接待客人的话会铺上坐垫。如果有客人要来的话会先打扫，甚至用花装饰，用心传达热情款待。

玄関で挨拶を交わし、スリッパをすすめます。お茶とお菓子を出し、和室で接客するときは座布団をすすめます。来客があるときは部屋をきれいに掃除し、お花を飾ったりしておもてなしの心を伝えます。

2 在用餐前会合掌说"开动了"，用完餐后会说"多谢款待"，这是日本人的习惯。是对栽种食物和做料理的人表达感谢，并对能够健康地用餐表示谢意。

食前に「いただきます」、食後には「ごちそうさま」の合掌をするのが日本人の習慣です。食物を育ててくれた人、料理を作ってくれた人に対する感謝、元気で食事ができることへの感謝の気持ちを表します。

3 当觉得值得排队的时候，日本人会很有耐心地排队。插队是很没礼貌的事。大牌长龙是店家人气和美味程度的指标。

並ぶ価値があると思ったとき、日本人は我慢強く順番を待ちます。割込みはマナー違反と考えます。行列は店の人気とおいしさのバロメーターともいえます。

第7章 日本の生活習慣

2 マナー(2)

❓ こんな質問をされたら？

1 日本的厕所卫生纸直接丢马桶没关系吗？马桶不会阻塞吗？

日本のトイレはトイレットペーパーをそのまま流して大丈夫ですか？詰まりませんか？

2 什么是音姬？为什么厕所会有这种装置？

音姫とは何ですか？ どうして日本のトイレに音姫という装置があるのですか？

3 日本人上厕所也会排队吗？

日本人はトイレに行くときも並びますか？

礼节 2

 30秒で、こう答えよう！

1 因为日本的冲水马桶有足够冲掉厕纸的水压，不会阻塞，所以可以直接丢马桶。

日本の水洗トイレは詰まらずに流す水圧を備えているので、そのまま流しても大丈夫です。

2 音姬是模拟流水声来完全掩盖如厕声的装置。因为有很多日本人，尤其是女性，觉得让别人听到自己如厕的声音很不好意思，所以为了掩盖自己的声音，会在使用前先冲水。音姬就是为了减少这样浪费掉的水而开发的。

擬似的な流水音で排泄時の音を掻き消す装置です。排泄中の音を他人に聞かれるのを恥ずかしいと感じる多くの日本人（特に女性）が、自分の音を掻き消すために使用前にも水を流します。こうした水の無駄遣いを減らす目的で開発されたのが音姫です。

3 不论是哪里的公共厕所，日本人都一定会按照顺序排队。

どのような場所の公共トイレであっても、日本人は必ず順番に並びます。

3 お正月

❓ こんな質問をされたら？

1 日本的新年是什么时候？

日本のお正月はいつですか？

2 日本的新年怎么度过？

お正月はどう過ごしますか？

3 日本的新年会吃什么料理？

お正月にどういう料理を食べますか？

新年

 30秒で、こう答えよう！

1 是国历的一月一日到一月七日。

新暦の1月1日～7日です。

---

2 日本人会到神社参拜，祈求新年的幸运，家人，亲戚团聚开宴会。因为正月头三天店家也大多休息，所以在家度过。

神社に参拝して新年の幸運を願う「初詣」をしたり、家族や親戚が集まって宴会を開きます。3が日は休業する商店が多いので家で過ごします。

---

3 正月头三天要吃"年节菜"或"杂煮年糕汤"等特别的料理。年菜是用昆布，虾子等代表吉利的食材做的各式料理，并且漂亮地盛装在两层相叠的木盒里，杂煮年糕汤是以年糕为主要食材的日式汤品。

三が日は「おせち料理」や「お雑煮」などの特別な料理を食べます。おせち料理とは、昆布や海老など、縁起が良いとされる食材を使ったさまざまな料理を2段重ねの重箱にうつくしく盛りつけたもの、お雑煮は餅をメイン具材とした和風のお吸い物です。

第7章 日本の生活習慣

4 お盆

? こんな質問をされたら？

1. 盂兰盆节是什麼？
   お盆とは何ですか？

2. 日本人怎么过盂兰盆节？
   日本人はお盆をどう過ごしますか？

3. 盂兰盆节有什么风俗习惯？
   お盆の行事にはどんなものがありますか？

盂兰盆节

 30秒で、こう答えよう！

1 祭祀祖先灵魂的活动称作"盂兰盆节"。通常是在西元的8月15日前后。

先祖の霊を祀るための行事を「お盆」といいます。一般に新暦の8月15日前後に「お盆」とするところが多いです。

2 和暑假重叠的这个时期称作"盂兰盆节假期"，许多人会去家族旅行或返乡。

夏休みと重なるこの時期を「お盆休み」と呼び、家族旅行や帰省をする人が多いです。

3 不同地区有不同风俗习惯，大多会扫墓，或是在佛坛供奉盂兰盆的点心和花，并请和尚诵经。

地方によって風習が違いますが、多くはお墓参りをしたり、お盆用のお菓子やお花を仏壇に供えて僧侶に読経してもらったりします。

第7章 日本の生活習慣

5 お中元・お歳暮

❓ こんな質問をされたら？

1 中元和岁末送礼是什么？
zhōngyuán hé suì mò sòng lǐ shì shén me

お中元・お歳暮とは何ですか？

---

2 中元和岁末送礼要送给谁？
zhōngyuán hé suì mò sòng lǐ yào sòng gěi shuí

お中元やお歳暮は誰に送るのですか？

---

3 会送什么样的东西？
huì sòng shén me yàng de dōng xi

どういうものを送るのですか？

中元・歳末

> 30秒で、こう答えよう！

1 在日本有向平常关照自己的人怀着感谢的心意赠送礼品的习惯。夏季送礼称作"中元"，冬季送礼称作"岁末"。

日本には日頃からお世話になった人に感謝の気持ちを込めて贈り物をする習慣があります。夏にする贈り物を「お中元」、冬にする贈り物を「お歳暮」といいます。

2 大多会送给父母，亲戚，公司的上司，客户，或是指导的老师等。

親や親戚、会社の上司、取引先、お稽古の先生などに贈ることが多いです。

3 中元的礼品大多是啤酒，岁末的礼品大多是海鲜或日本酒。在中元和岁末送礼的季节，百货店，超市会陈列送礼用的商品礼盒。

お中元ではビールが多く、お歳暮では海産物や日本酒が多いです。お中元やお歳暮の季節には、デパートやスーパーに贈答用のセット商品がずらりと並びます。

第7章 日本の生活習慣

6 七五三

? こんな質問をされたら？

1 七五三是什么？
   qī wǔ sān shì shén me

   七五三とは何ですか？

2 七五三要做什么？
   qī wǔ sān yào zuò shén me

   七五三には何をするのですか？

3 七五三是什么时候？
   qī wǔ sān shì shén me shí hou

   七五三はいつですか？

七五三

 30秒で、こう答えよう！

1 这是日本在孩子7岁，5岁，3岁的时候为了庆祝成长的一个例行的仪式。

子どもが7歳、5歳、3歳のときに成長を祝う日本の年中行事です。

2 女孩会盛装打扮，男孩则穿日式裤裙到神社参拜。并吃红白相间，称作"千岁糖"的细长糖果庆祝。

女の子は晴れ着を、男の子は袴を付けて神社に参拝します。千歳飴と呼ばれる紅白の細長い飴を食べてお祝いします。

3 原本是在11月15日举行，但是最近不限于15日，在11月中举行的人增加了。

本来は11月15日とされていますが、最近は15日にこだわらず11月中に行うことが多くなりました。

第7章 日本の生活習慣

7 冠婚葬祭

? こんな質問をされたら？

1 日本人结婚一般都穿什么样的衣服？
日本人は結婚式に何を着ますか？

2 参加葬礼的时候都穿什么样的衣服？
葬式に参加する時はどういう服を着ますか？

3 参加婚礼和葬礼的时候需要带什么东西吗？
結婚式やお葬式に持参するものはありますか？

婚丧仪式

1 日式婚宴的话会穿叫做白无垢的纯白和服,西式的话会穿白纱。

和式の場合は白無垢という真っ白な和服、洋式の場合は白いウェディングドレスを着ます。

2 女性会穿黑色连衣裙,男性会穿黑色西服,打黑色领带。葬礼穿的黑色洋服称作丧服。鞋子和包包也统一用黑色。

女性は黒いワンピース、男性は黒いスーツに黒いネクタイを着ます。お葬式に着る黒い洋服のことを喪服といいます。靴やバッグも黒で統一します。

3 婚礼要带礼金,葬礼则带奠仪。有叫做礼金袋和奠仪袋的专门信封,把钱放在袋里交付。

結婚式にはご祝儀を、お葬式には香典を持参します。御祝儀袋、香典袋という専用の封筒があり、この袋にお金を入れて渡します。

第7章 日本の生活習慣

161

第8章

東京の交通

东京的交通

1 地下鉄（東京メトロ）

Q1 银座线行驶什么地方？

銀座線はどこを走っていますか？

A 银座线从浅草经过银座连结涩谷，是日本最早的地下铁。

銀座線は浅草から銀座を経て渋谷を結ぶ、日本で最も古い地下鉄です。

Q2 副都心线行驶什么地方？

副都心線はどこを走っていますか？

A 地下铁副都心线能够直通东急东横线，不需转乘就可以直达横滨。

地下鉄副都心線は東急東横線に直通しているので乗り換え無しに横浜まで行くことができます。

Q3 东西线行驶什么地方？

東西線はどこを走っていますか？

A 东西线连结千叶和东京都中心，并且衔接中央总武线。

東西線は、千葉県と都心を結び、さらに中央・総武線へと乗り入れています。

Q4 丸之内线行驶什么地方？

丸の内線はどこを走っていますか？

A 丸之内线行驶池袋经过大手町，东京车站，银座，到新宿这个环状线，是很方便的地下铁。

丸の内線は池袋から大手町、東京駅、銀座を経由して新宿までぐるりと回っていく便利な地下鉄です。

Q5 千代田线行驶什么地方？

千代田線はどこを走っていますか？

A 千代田线是直通JR常磐线行驶的地下铁，通过皇居前，在代代木上原车站接入小田急线。

千代田線はJR常磐線からの直通運転で運行されている地下鉄で、皇居の前を通り、代々木上原という駅で小田急線に乗り入れています。

Q6 日比谷线行驶什么地方？

日比谷線はどこを走っていますか？

A 日比谷线是北边直通东武伊势崎线，南边直通东急东横线的地下铁。

日比谷線は、北は東武伊勢崎線、南は東急東横線と直通運転している地下鉄です。

Q7 有乐町线行驶什么地方？

有楽町線はどこを走っていますか？

A 有乐町线是北边直通西武池袋线和东武东上线的地下铁。从池袋经过永田町和银座，行驶到接近东京湾的新木场。

有楽町線は北で西武池袋線や東武東上線と直通運転する地下鉄です。池袋から永田町や銀座を経て東京湾に近い新木場まで運行しています。

Q8 半藏门线行驶什么地方？

半蔵門線はどこを走っていますか？

A 半藏门线是东边直通东武伊势崎线行驶的地下铁。经过东京都中心后，西边接入东急田园都市线。

半蔵門線は東は東武伊勢崎線と直通運転している地下鉄です。都心を経由したあと、西は東急田園都市線に乗り入れています。

Q9 南北线行驶什么地方？

南北線はどこを走っていますか？

A 南北线是西边接入东急目黑线的地下铁。南北跨越东京都中心后，延伸到埼玉县。

南北線は、西は東急目黒線に乗り入れている地下鉄です。都心を南北に横断したあと、埼玉県へとのびています。

Q10 都营三田线行驶什么地方？

都営三田線はどこを走っていますか？

A 都营三田线是从三田车站向北经过有乐町和大手町，延伸到称作高岛平的住宅街的地下铁。

都営三田線は三田駅から北へ向かって有楽町や大手町を経て、高島平という住宅街へのびる地下鉄です。

Q11 都营新宿线行驶什么地方？

都営新宿線はどこを走っていますか？

A 都营新宿线是东边直通总武线的地下铁。从千叶经过东京都中心，从新宿站接入京王线，西边延伸到称作多摩地区的住宅街。

都営新宿線は東は総武線と直通する地下鉄です。千葉から都心を経て、新宿から京王線に乗り入れて、西は多摩地区という住宅街へとのびています。

Q12 都营大江户线行驶什么地方？

都営大江戸線はどこを走っていますか？

A 都营大江户线是环绕东京都中心地区的环状地下铁，支线向西北连接光丘地区。

都営大江戸線は、都心部を周回する地下鉄の環状線で、支線は北西に向かい、光が丘という地区につながります。

2 JR

Q1 山手线行驶什么地方?

山手線はどこを走っていますか?

A 山手线是联结都心各主要车站的环状线铁路。山手线沿线主要的车站有东京，上野，池袋，新宿，涉谷，品川等，其中东京，上野，品川车站新干线也有行驶。

山手線は、都心部の主要駅をつなぐ環状線です。山手線の沿線の主要駅には、東京、上野、池袋、新宿、渋谷、品川などがあります。東京、上野、品川には新幹線の駅もあります。

東京駅

Q2 中央线行驶什么地方？

中央線はどこを走っていますか？

A 中央线是从新宿往西边延伸，经过甲府和松本，连接到名古屋。颜色是橘色。中央线有从东京车站经过新宿，连接八王子，高尾的快速列车运行。

中央線は、新宿から西に伸び、甲府や松本を経て名古屋へとつながっています。色はオレンジ色です。中央線には東京駅から新宿を経て八王子や高尾を結ぶ快速が運行されています。

Q3 京滨东北线行驶什么地方？

京浜東北線はどこを走っていますか？

A 京滨东北线是连接大宫，东京，横滨甚至到大船的路线。颜色是青色。

京浜東北線は、大宮と東京、横浜、さらに大船を結ぶ路線です。色は青色です。

Q4 中央总武线行驶什么地方？

中央・総武線はどこを走っていますか？

A 中央总武线是从西边的三鹰为起点，经过新宿，秋叶原，连接到千叶的路线。颜色是黄色。

中央・総武線は、西の三鷹を起点に新宿、秋葉原を経由して千葉を結ぶ路線です。色は黄色です。

3 タクシー

Q1 日本的出租车安全吗？

日本のタクシーは安全ですか？

A 日本的出租车是跳表制的，所以不用担心会被要求过多的费用。

タクシーはメーター制なので、過剰請求される心配はありません。

Q2 要怎么打车呢？

どうやって拾いますか？

A 除了一部分地区以外，只要举手打车就可以搭乘了。在车站周遭也有出租车的乘车处。

一部の地区を除いて、どこでも手をあげれば乗ることができます。駅周辺はタクシー乗り場もあります。

Q3 最多可坐几人?

最大何人乗れますか?

A 小型的出租车能够坐5人,中型的能够坐6人。

小型タクシーで5人、中型タクシーで6人乗れます(運転手含む)。

Q4 日本的出租车是什么颜色的?

日本のタクシーは何色ですか?

A 在海外,出租车大多颜色统一,但是在日本是不同出租车的公司用不同颜色。

海外では同じ色に統一されたタクシーが多いですが、日本のタクシーは会社によって色が違います。

Q5 出租车司机会说中文吗？

運転手さんは中国語が話せますか？

A 很遗憾，会说汉语的司机非常少。最近，也出现了针对观光导览，提供多国语言服务的出租车营运公司。

残念ながら中国語を話せる運転手は非常に少ないです。最近、観光案内のために多国語サービスを提供するタクシー運営会社が出ました。

Q6 如何判断是不是空车？

空車ってどうやって判断しますか？

A 在副驾驶座的前方，"空车"的红灯亮着的话就能够搭乘。载有乘客的出租车会显示"赁走"的绿色灯号。

助手席の前に「空車」という赤いランプがついていれば乗れます。客が乗っている車は「賃走」という緑色のランプがついています。

4 羽田空港と成田空港

Q1 东京有几个国际机场？

東京には国際空港がいくつありますか？

A 东京有羽田机场和成田机场两个国际机场。

羽田空港と成田空港の２つの国際空港があります。

Q2 成田和羽田机场有什么不同？

成田と羽田空港の違いは？

A 东京国际线的大门主要是成田机场。羽田机场主要航行国内线和一部分的国际线。

東京の国際線の玄関口は主に成田空港です。羽田空港では、国内便や一部の国際線が発着します。

Q3 要如何搭电车到成田机场？

成田空港へは電車でどうやって行きますか？

A 有两个路线能够前往成田机场。1. 从京成上野车站和日暮里车站，搭京成 Skyliner 到成田机场约 40 分钟。2. 从东京车站搭成田特快列车到成田机场约 1 小时。

成田空港は 2 路線でアクセスできます。1. 京成上野駅と日暮里駅から京成スカイライナーで成田空港まで約 40 分です。2. 東京駅から成田エクスプレスという特急列車で成田空港まで約 1 時間です。

Q4 有往成田机场的高速巴士吗？

成田空港へはリムジンバスが走っていますか？

A 箱崎有高速巴士站。其他东京都内的主要饭店也都有运行。从箱崎到成田机场的巴士，如果没有堵车的话需要 80 分钟。

箱崎というリムジンバス専用のバスターミナルがあります。他に都内の主要ホテルからも運行しています。箱崎から成田空港へのバスでの所要時間は渋滞がなければ約 80 分です。

Q5 请告诉我前往羽田机场的方法？

羽田空港への行き方を教えてくれませんか？

A 从滨松町有前往羽田机场的单轨列车，到达羽田机场约需要30分钟。也可以搭乘京急电铁前往。搭乘京急电铁快车的话，从都心到羽田机场只需约30分钟。

羽田空港へは浜松町駅からモノレールが出ています。浜松町から羽田空港までの所要時間は約30分です。京急電鉄でも行くことができます。京急電鉄の急行に乗れば都心から約30分で羽田空港に到着します。

成田空港

羽田空港

5 電車の切符とカード

Q1 有没有方便在日本搭乘公共交通工具时使用的票卡？

公共交通を使うときに便利なカードはありますか？

A 如果是定期使用公共交通工具的话，使用预付票卡比较方便。在东京有 Suica 和 PASMO 两种。

公共交通を定期的に利用するならプリペイドカードが便利です。東京では Suica と PASMO の 2 種類のカードがあります。

Q2 PASMO 和 Suica 要在哪里买？

PASMO と Suica はどうやって買うことができますか？

A 票卡能在车站的便利商店或 JR 车站的"绿色窗口"购买。购买时必需支付五百日元的押金，余额用完时，可以在车站的售票机储值。

駅のキオスクや JR の駅にある「みどりの窓口」で買うことができます。購入時に 500 円のデポジットを支払い、残金が無くなったら駅の券売機でチャージできます。

みどりの窓口

Q3 PASMO 和 Suica 在全国都能使用吗？

PASMOとSuicaは全国で使えますか？

A 在全国都能够使用。

全国で利用可能です。

Q4 有没有优惠的票券？

お得な切符はありますか？

A 东京地下铁和JR有发售全路线都能24小时自由搭乘的"1日乘车券"。

東京メトロやJRは24時間路線全線で乗り降り自由な「1日乗車券」を発売しています。

第9章

日本人へのよくある質問
外国人常见的疑问

Q1 日本人寻找结婚对象最重要的条件是什么？

日本人が結婚相手に求める条件は何が一番ですか？

A 根据某个结婚咨询所调查，寻找结婚对象第一名的条件，不论男女皆是"性格和价值观"。该调查结果也显示出"稳定的收入"并不是那么重要的条件。

ある結婚相談所の調査によると、男女ともに結婚相手に求める条件として1位にあげたのは「性格・価値観」でした。「収入が安定していること」にそれほどこだわらないという結果が出ています。

Q2 现在日本的消费税如何？

日本の消費税はどうなっていますか？

A 现在，日本针对商品和服务课百分之八的消费税。消费税的半数以上会用于国民年金与医疗费用。

現在、8%の消費税が商品やサービスに課されています。消費税の半分以上は、国民年金や医療費に使われています。

Q3 日本的保险制度如何？

日本の保険制度はどうなっていますか？

A 日本推动的所有国民都需要加入某些医疗保险的"国民皆保险"已制度化。

すべての国民がなんらかの医療保険に加入する「国民皆保険」を制度化しています。

Q4 日本的最低劳动工资是多少？

日本の労働最低賃金はいくらくらいですか？

A 根据都道府县等行政区有所不同，大概在每小时七百日元到九百日元间变动。东京都的最低工资是九百三十二日元，是日本全国最高。

都道府県によって違いますが、だいたい時間給700円〜900円くらいで推移しています。東京都の最低賃金は932円で全国で一番高くなっています。

Q5 日本的上班族平均年收入是多少？

日本のビジネスマンの平均年収はいくらくらいですか？

A 根据2014年的日本国税厅统计为四百十五万日元。

2014年の国税庁の統計によると、415万円となっています。

Q6 日本从几岁开始有选举权？

日本の選挙権は何歳から与えられますか？

A 本来是20岁，但是2016年开始下修到18岁了。

これまで20歳でしたが、2016年から18歳に引き下げられました。

国会議事堂

Q7 日本垃圾方面是如何处理的?

日本のゴミ事情はどうなっていますか?

A 每个地区设有不同的垃圾分类规定。分为"可燃垃圾","瓶罐","塑料类","金属类"等,依据不同种类,装入不同袋子,再依指定的日子拿出去扔。

地区ごとにゴミの分別ルールを設けています。「燃えるゴミ」「缶・瓶」「プラスチック類」「金属類」などに分けて、種類ごとに違う袋に入れて指定された日に出します。

Q8 日本的宠物饲养情形如何?

日本のペット事情はどうなっていますか?

A 现在日本饲养的猫狗约有两千万只,有饲养宠物的家庭约占全体的4成以上。

現在日本で飼われている犬や猫はおよそ2000万頭以上で、全体の4割以上の家庭にペットがいるという計算になります。

Q9 在日本受欢迎的运动是什么？

日本で人気のあるスポーツは何ですか？

A 在日本棒球，足球，网球很受欢迎。日本的小孩子最想成为的运动选手第一名是"足球选手"。

野球、サッカー、テニスに人気があります。日本の子どもがなりたいスポーツ選手で一位は「サッカー選手」です。

Q10 日本有多少世界遗产？

日本の世界遺産はいくつありますか？

A 目前2016年为20个。今年东京上野的国立西洋美术馆新登入为世界遗产。

2016年現在20個です。今年（2016年）、東京・上野の国立西洋美術館が新しく世界遺産に登録されました。

国立西洋美術館

Q11 日本除了东京迪士尼乐园以外还有什么样的主题乐园？

日本には東京ディズニーランド以外にどんなテーマパークがありますか？

A 还有大阪环球影城，日光江户村，三丽鸥彩虹乐园，吉普力美术馆，哆啦A梦博物馆，大江户温泉、富士野生动物园……等。

ユニバーサルスタジオジャパン、日光江戸村、サンリオピューロランド、ジブリ美術館、ドラえもんミュージアム、大江戸温泉、富士サファリパークなどがあります。

Q12 如果长期居住日本，想租房子怎么办？

日本に長期滞在の場合は、部屋を借りたい時にどうすればいいですか？

A 日本人找房子一般是通过中介。

日本人は部屋を探すときに、大体仲介を通して探してもらいます。

第9章 日本人へのよくある質問

Q13 要往来东京的市中心用什么交通方式最佳？

東京の中心部を移動するには何がベストですか？

A 强烈建议白天往市中心移动时使用公共交通工具。公共交通工具是便宜，快速又极其安全的交通工具。

都心の昼間の移動は公共交通を利用することを強くおすすめします。公共交通は安く、迅速で極めて安全な乗り物です。

Q14 在日本需要给小费吗？

日本ではチップが必要ですか？

A 在日本没有给小费的习惯。如果给对方小费，对方应该会退还。

日本ではチップの習慣がありません。チップを渡そうとすれば、渡された相手はそれを返そうとするでしょう。

Q15 在日本的旅馆和公共设施说汉语能通吗？

日本のホテルや公共施設では中国語が通じますか？

A 在中国客人常光顾的饭店，宾馆，或是大间的电器量贩店都有会说中文的店员常驻。

中国人の利用客が多いホテルやゲストハウス、また、大手の家電量販店では中国語を話せるスタッフが常駐しています。

Q16 日本的大甩卖是在什么时候？

日本のバーゲンセールはいつやりますか？

A 大多的百货店和品牌会在夏季和冬季举办2次大甩卖，分别是12月到1月以及7月到8月。

多くのデパートやブランドでは夏と冬の2回、12月〜1月と7月〜8月にバーゲンセールを行います。

30秒でできる！
ニッポン紹介
おもてなし中国語会話

2016年 12月 5日　第1刷発行

　　編　者　　IBCパブリッシング
　　訳　者　　郁　青・許　玉穎
　　発行者　　浦　晋亮
　　発行所　　IBCパブリッシング株式会社
　　　　　　　〒162-0804 東京都新宿区中里町29番3号 菱秀神楽坂ビル9F
　　　　　　　Tel. 03-3513-4511　Fax. 03-3513-4512
　　　　　　　www.ibcpub.co.jp

　　印刷所　　株式会社シナノパブリッシングプレス

© 2016 IBC Publishing
Printed in Japan

落丁本・乱丁本は、小社宛にお送りください。送料小社負担にてお取り替えいたします。
本書の無断複写(コピー)は著作権法上での例外を除き禁じられています。

ISBN978-4-7946-0449-1